100 JEUX
pour le printemps

Gründ

Texte : Josep Maria Allué
Illustrations : Maria Espluga Solé, Nùria Colom Canals
et Maria Puig Pons
Adaptation française : Nadia Aït Bachir
Secrétariat d'édition : Christophe Tranchant
PAO : Damien Druault
Première édition française 2000 par Éditions Gründ, Paris

ISBN : 2-7000-1731-5
Dépôt légal : mars 2000
Édition originale 1999 par Parramón Ediciones, S.A.
sous le titre *100 juegos para la primavera*

Imprimé en Espagne
Loi n° 49-956 du 16 juillet 1949 sur les publications destinées à la jeunesse.

Sommaire

AUX PARENTS ET AUX ÉDUCATEURS

Le jeu est une activité innée chez l'homme. Son rôle capital dans le développement physique et intellectuel des individus le rend essentiel durant l'enfance et il reste bénéfique tout au long de la vie. Gratuité, plaisir et joie sont les composants du jeu. S'amuser, en famille ou entre amis, signifie nouer des liens avec les autres, quel que soit l'âge ou le sexe des joueurs.

En général, le mot « jeu » renvoie à une série d'activités s'effectuant sans aucune obligation. Elles sont uniquement motivées par la simple envie de les mettre en pratique. S'il est vrai que le désir de jouer est inné, il reste néanmoins déterminé par un certain nombre de facteurs : l'espace disponible, les amis, le matériel dont on dispose ou encore les jeux que l'on connaît.

Étant donné l'importance du jeu pour le développement et le bien-être des plus petits, il est indispensable de leur offrir des activités nouvelles, variées et distrayantes qui leur permettront de découvrir, de s'amuser et de créer des rapports conviviaux.

Cet ouvrage, *100 Jeux pour le printemps*, vous propose 100 activités différentes, afin que vous n'ayez plus qu'à y ajouter l'ingrédient indispensable : le désir de jouer.

100 jeux pour le printemps

Le printemps permet de jouer à l'extérieur, grâce à une nette amélioration du temps. La cour de récréation, les rues, les lieux publics deviennent alors des espaces idéaux pour s'amuser. À cette période de l'année, on peut faire de longues promenades, organiser des fêtes ou des goûters en plein air. Il est intéressant de noter qu'avec l'arrivée du printemps, les enfants gagnent en force et en vitalité. Ils sont donc plus aptes à pratiquer des jeux d'action exigeant une dépense physique.

Néanmoins, il ne faut pas oublier les fréquentes averses printanières qui obligent à se mettre à l'abri, et proposer aux enfants des activités d'intérieur.

Pour faciliter votre recherche et votre choix, chaque jeu présente, dans un premier temps, des informations relatives à l'âge à partir duquel on peut le pratiquer, à sa durée, au nombre minimum de joueurs, au matériel nécessaire et au degré d'activité des enfants.

Cet ouvrage classe les jeux selon cinq rubriques différentes :

• **Des jeux pour la récréation :** cette rubrique propose une série d'activités qui permettent aux enfants de tirer le plus grand profit de la récréation à l'école. On y trouve des jeux de poursuite, des jeux de ballon...

• **Des jeux pour les jours de pluie :** pour continuer à jouer malgré une averse, vous trouverez des jeux à réaliser à l'intérieur. Les joueurs devront souvent faire preuve d'une grande adresse. Finalement, un après-midi à la maison peut s'avérer très agréable si tout le monde souhaite passer un bon moment.

• **Des jeux de kermesse :** cette période de l'année est idéale pour organiser de grandes kermesses, avec son école, son quartier, ses amis... Les nombreux jeux permettront aux enfants de faire preuve d'adresse et d'ingéniosité, dans une atmosphère de fête.

• **Des jeux pour les lieux publics :** lorsque les beaux jours reviennent, les lieux publics permettent aux enfants de jouer à cache-cache, de faire de la balançoire, du toboggan...

• **Les grands jeux :** promenades, excursions ou centres de vacances offrent la possibilité de faire des jeux qui demandent de l'espace et un grand nombre de participants. Ils promettent de grands moments à tous les enfants et à tous les organisateurs.

Des jeux pour toute l'année

La collection *Des jeux pour toute l'année* réunit 400 jeux répartis en quatre volumes, un pour chaque saison de l'année. Chaque livre propose 100 activités sélectionnées en fonction des différents lieux pour jouer à un moment précis de l'année. Ce classement a été réalisé dans l'intention de faciliter le choix d'un jeu et de pouvoir le pratiquer le plus rapidement et dans les meilleures conditions possibles. Cette collection est en outre complétée par *Le Grand livre des jeux*, qui regroupe 250 activités.

Josep Maria Allué

jeux

100

La cour de récréation est un lieu privilégié pour jouer. Les enfants sont tous très impatients de se distraire après un long moment d'inactivité physique. Le beau temps les invite à s'amuser et à bouger.

pour la récréation

30 Jeux pour la récréation. Les activités proposées ici sont parfaites pour occuper le temps de la récréation, de la façon la plus agréable possible. On trouve dans cette rubrique des jeux de poursuite et des jeux de ballons, pour qu'instituteurs et enfants passent de bons moments ensemble.

1 Le loup

C'est le jeu de poursuite qui ravira les plus petits. Il est idéal pour la cour de récréation, où l'on peut trouver de nombreuses cachettes.

- **Âge :** à partir de 6 ans
- **Durée approximative :** 10 minutes
- **Nombre de joueurs :** 6 ou plus
- **Matériel :** aucun
- **Activité :** intense

1. Désignez par tirage au sort un joueur qui sera le loup. Les autres participants choisissent un refuge, qu'ils désignent comme leur « maison », puis ils comptent jusqu'à cent.

2. Pendant ce temps, le loup part se cacher. Arrivés à cent, tous les joueurs partent à sa recherche.

3. Lorsqu'un participant le découvre, il doit s'en approcher le plus près possible et dire à voix haute : « Je vois le loup ! Je vois le loup ! » Les autres joueurs s'approchent également du loup.

4. Quand le loup entend : « Je vois le loup ! Je vois le loup ! », il part à la poursuite des autres joueurs, qui s'enfuient aussitôt en direction de la maison.

5. Les participants attrapés se transforment à leur tour en loup. Le jeu cesse lorsque tous les participants sont devenus des loups.

2 La sauterelle et la grenouille

Ce jeu plaît aux plus petits car il met en scène deux animaux qui se poursuivent.

- **Âge :** à partir de 4 ans
- **Durée approximative :** 10 minutes
- **Nombre de joueurs :** 7 ou plus
- **Matériel :** 1 craie
- **Activité :** moyenne

1. Tracez un grand cercle sur le sol. Tous les joueurs doivent se placer à l'intérieur.

2. Désignez par tirage au sort celui qui sera la grenouille. Les autres seront les sauterelles. Elles ne doivent pas se faire attraper par la grenouille.

3. La grenouille, accroupie, fait des bonds pour attraper les sauterelles qui se déplacent à cloche-pied.

4. Une sauterelle capturée devient grenouille. Le jeu est terminé lorsqu'il ne reste plus de sauterelles.

3 La chandelle

Le chat doit courir autour du cercle formé par les autres joueurs et attraper la souris avant que celle-ci ne s'asseye.

- **Âge :** à partir de 4 ans
- **Durée approximative :** 10 minutes
- **Nombre de joueurs :** 7 ou plus
- **Matériel :** 1 chaussure ou 1 objet de même taille
- **Activité :** moyenne

1. Désignez par tirage au sort celui qui sera la souris. Elle tient dans sa main une chaussure ou un objet de même taille (la chandelle).

2. Les autres joueurs sont les chats. Ils doivent tous s'asseoir par terre en tailleur, et former un cercle.

3. La souris commence à courir à l'extérieur du cercle. Les chats ne doivent pas se retourner pendant sa course.

4. Lorsque la souris le souhaite, elle dépose la chandelle derrière un chat et continue sa course autour du cercle.

5. Le chat qui a la chandelle derrière lui doit la ramasser et courir après la souris pour l'attraper.

6. Si la souris parvient à s'asseoir à la place du chat, elle devient alors un chat. Dans le cas contraire, le chat retrouve sa place et le jeu recommence avec la même souris.

4 Le parcours des prisonniers

Un joueur devra avancer à reculons et faire entièrement confiance à son équipier. Coordination et rapidité sont indispensables.

- **Âge :** à partir de 7 ans
- **Durée approximative :** 10 minutes
- **Nombre de joueurs :** 4 ou plus
- **Matériel :** 1 grand foulard par couple de joueurs
- **Activité :** intense

1. Commencez par définir un parcours balisé : toucher la porte, passer derrière un poteau…

2. En les plaçant dos à dos, attachez chaque couple de joueurs par la taille, avec le foulard. Ils doivent ensuite se positionner sur la ligne de départ.

3. Au signal, tous les couples s'élancent le plus vite possible sur le parcours balisé. Le couple qui arrive en premier a le droit de tracer et de baliser le parcours suivant.

5 L'araignée

Ce jeu exige rapidité et adresse si l'on ne veut pas être pris dans la toile d'araignée.

- **Âge :** à partir de 5 ans
- **Durée approximative :** 10 minutes
- **Nombre de joueurs :** 7 ou plus
- **Matériel :** 1 craie
- **Activité :** intense

1. Désignez par tirage au sort celui qui sera l'araignée, puis tracez une ligne partageant l'aire de jeu en deux camps. Demandez à l'araignée de se placer sur cette ligne, les bras en croix.

2. Tous les autres joueurs se placent d'un côté de la ligne. Quand l'araignée crie : « Passez ! », ils doivent franchir la ligne en courant et rejoindre l'autre camp, en évitant d'être touchés par l'araignée.

3. Celle-ci a le droit de se déplacer le long de la ligne pour essayer de toucher le plus grand nombre possible de joueurs.

4. Les participants attrapés se transforment en araignée et se donnent la main pour former une toile.

5. Les joueurs encore libres continuent à franchir la ligne dans un sens et dans l'autre, jusqu'à ce que tous soient pris dans la toile d'araignée.

6 Le monstre affamé

Ce jeu amusera les plus petits, puisqu'ils peuvent à tout moment se faire dévorer par un monstre. Petites frayeurs et gros éclats de rire garantis !

- **Âge :** à partir de 5 ans
- **Durée approximative :** 10 minutes
- **Nombre de joueurs :** 6 ou plus
- **Matériel :** 1 craie
- **Activité :** moyenne

1. Dessinez sur le sol un monstre avec une grande bouche ouverte. Tous les joueurs doivent pouvoir se placer sur le ventre du monstre.

2. Les joueurs essaient de se positionner le plus loin possible de la bouche.

3. Au signal, chacun essaie de pousser les autres dans la bouche du monstre, sans y tomber lui-même.

4. Les participants « dévorés » restent dans la bouche et essaient d'y attirer les autres.

7 La silhouette dessinée

Ce jeu permet aux enfants de montrer toute leur imagination et toute leur créativité.

- **Âge :** à partir de 5 ans
- **Durée approximative :** 10 minutes
- **Nombre de joueurs :** 2 ou plus
- **Matériel :** 1 craie
- **Activité :** faible

1. Après avoir défini un périmètre de jeu, un participant se couche par terre et prend une position évoquant un mouvement.

2. L'autre participant dessine la silhouette de celui qui est au sol. Une fois le contour terminé, les deux joueurs ajoutent au dessin tous les détails qu'ils souhaitent.

3. Le joueur qui avait dessiné la silhouette se couche par terre et adopte une position en rapport avec celle du premier.

4. Les silhouettes se multiplient peu à peu sur le sol, jusqu'à ce qu'il ne reste plus de place sur l'aire de jeu.

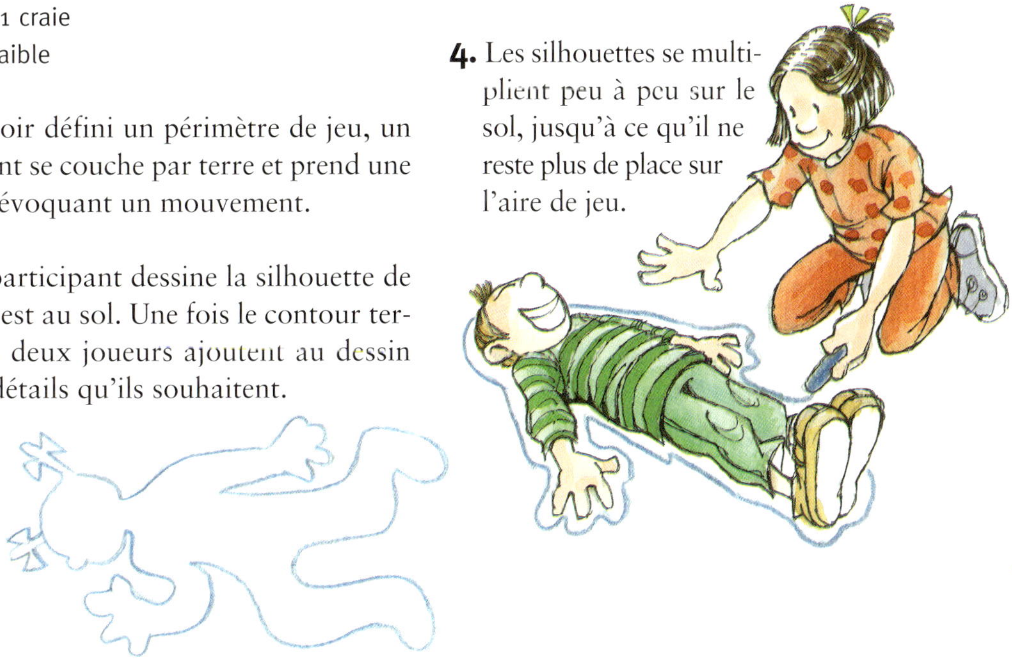

8 Le trésor

Une corde freine les mouvements des joueurs et les empêche d'atteindre leur trésor.

- **Âge :** à partir de 6 ans
- **Durée approximative :** 5 minutes
- **Nombre de joueurs :** 3 ou plus
- **Matériel :** 1 corde, 1 objet de petite taille par joueur (1 balle de tennis, 1 pierre...)
- **Activité :** moyenne

1. Nouez les deux extrémités de la corde pour créer un cercle. Les joueurs, placés à intervalles réguliers, se tiennent d'une main à cette corde.

2. Disposez, à 1 mètre et demi de chaque participant, un objet qu'il devra attraper.

3. Au signal, les joueurs tirent sur la corde. Il faut être le premier à saisir l'objet sans lâcher la corde.

4. Lorsqu'un participant attrape son objet, il reste à sa place et ne tire plus sur la corde. La partie est terminée quand tous les joueurs ont ramassé leur objet respectif.

9 Le fossé

Il ne faut surtout pas marcher au centre du cercle sous peine d'être éliminé. L'équilibre est un élément fondamental pour ce jeu.

- **Âge :** à partir de 6 ans
- **Durée approximative :** 10 minutes
- **Nombre de joueurs :** 5 ou plus
- **Matériel :** 2 cordes
- **Activité :** moyenne

1. Choisissez un meneur de jeu (de préférence un adulte). Les autres participants se tiennent la main et forment une ronde. Ils sont tournés vers l'intérieur.

2. Le meneur de jeu place une corde à l'extérieur de la ronde, puis une autre à l'intérieur. 50 centimètres doivent les séparer.

3. Au signal, la ronde commence à tourner, à vitesse constante. Les joueurs doivent prendre garde à ne pas tomber et à ne pas franchir les limites des cordes.

4. Un participant est éliminé lorsqu'il sort de ce périmètre. Le meneur rajuste alors les cordes à la mesure de la nouvelle ronde. La partie est terminée lorsqu'il ne reste plus que deux participants.

10 Ballon-sauté

Il faut faire preuve d'une grande adresse au moment de lancer ou d'éviter le ballon.

- **Âge :** à partir de 6 ans
- **Durée approximative :** 10 minutes
- **Nombre de joueurs :** 3 ou plus
- **Matériel :** 1 ballon, 1 mur
- **Activité :** moyenne

1. Les joueurs sont en file indienne devant le mur. Le premier de la file tient le ballon dans ses mains.

2. Il le lance contre le mur. Le ballon rebondit sur le mur puis par terre. Au moment où il touche le sol, le joueur doit sauter par-dessus le ballon.

3. Le joueur vient ensuite se placer en queue de file pour attendre de nouveau son tour. Pendant ce temps, le participant suivant a récupéré le ballon et répète l'action du précédent.

4. La partie se poursuit jusqu'à ce qu'un participant rate le ballon.

11 Le ballon nommé

À chaque fois, un nouveau joueur saisit le ballon. Il faut faire preuve de concentration et de rapidité.

- **Âge :** à partir de 6 ans
- **Durée approximative :** 10 minutes
- **Nombre de joueurs :** 5 ou plus
- **Matériel :** 1 ballon
- **Activité :** moyenne

1. Assurez-vous que chaque participant connaît le prénom des autres joueurs. L'un d'entre eux vient se placer au centre de l'aire de jeu. Il lance alors le ballon en l'air en criant un prénom.

2. La personne ainsi désignée doit rattraper le ballon avant qu'il ne touche le sol. Puis elle le lance à son tour et appelle un nouveau prénom.

3. Si le ballon touche le sol, le joueur qui a appelé le prénom recommence son lancer et crie à nouveau.

12 Pointer et tirer

Jeu qui apprend à pointer et à viser pour placer correctement ses craies et arriver à déplacer celles des adversaires.

- **Âge :** à partir de 6 ans
- **Durée approximative :** 10 minutes
- **Nombre de joueurs :** 6 ou plus
- **Matériel :** des craies de 2 couleurs
- **Activité :** faible

1. Formez deux équipes. Chacune choisit une couleur de craie.

2. Dessinez sur le sol deux cercles concentriques, l'un de 50 centimètres et l'autre de 8 mètres de diamètre. Tous les joueurs se placent autour du cercle extérieur, en alternant un participant de chaque équipe.

3. Une fois sur deux, un joueur de la même équipe lance sa craie en visant l'intérieur du petit cercle. Le participant peut pousser à l'intérieur du cercle la craie d'un de ses équipiers, mais peut également éloigner celle d'un adversaire.

4. Le but du jeu est de regrouper le plus grand nombre possible de craies de la même couleur au centre du petit cercle.

13 Le parcours de cerceaux

Ce parcours balisé exige des joueurs une grande adresse et de la rapidité. Il faut également veiller à ce que les participants effectuent bien les figures demandées.

- **Âge :** à partir de 7 ans
- **Durée approximative :** 5 minutes
- **Nombre de joueurs :** 4 ou plus
- **Matériel :** des cerceaux
- **Activité :** intense

1. Commencez par décider du nombre de cerceaux que vous utiliserez pour cette partie. Ensuite, placez-les tous sur le sol, bout à bout, en laissant entre chacun un espace de 50 centimètres environ.

2. Les participants décident ensemble d'un parcours balisé à effectuer. Par exemple : sauter par-dessus le premier cerceau, à pieds joints dans le deuxième…

3. Puis ils forment une file indienne. Le premier commence le parcours.

4. Lorsqu'il a terminé, il vient toucher la main du deuxième équipier, lequel s'élance à son tour sur le parcours balisé.

14 Les buts à l'envers

Pour marquer un but, il faut être très adroit. Ce jeu est une agréable variante du football classique.

- **Âge :** à partir de 7 ans
- **Durée approximative :** 30 minutes
- **Nombre de joueurs :** 10 ou plus
- **Matériel :** 1 craie, 1 ballon, 2 cages à but
- **Activité :** intense

1. Délimitez une aire de jeu qui équivaut à un demi-terrain de football. Tracez à chaque extrémité du terrain un demi-cercle d'environ 4 mètres de rayon et placez-y une cage.

2. Les cages sont tournées vers l'extérieur du terrain et non vers l'intérieur.

3. Formez deux équipes et désignez un gardien de but ainsi que deux défenseurs pour chaque camp. Naturellement, il faut faire le tour de la cage pour marquer un but.

4. Les règles du football sont appliquées. Face à la difficulté ajoutée pour marquer un but, il est indispensable de bien savoir contrôler le ballon.

15 Les ballons coureurs

Une drôle de poursuite entre deux ballons que se passent les deux équipes !

- **Âge :** à partir de 7 ans
- **Durée approximative :** 5 minutes
- **Nombre de joueurs :** 12 ou plus
- **Matériel :** 2 ballons
- **Activité :** moyenne

1. Formez deux équipes égales qui se placent en forme de cercle. Alternez à chaque fois un membre de la première équipe et un de la seconde.

2. Chaque équipe prend un ballon. Si possible, utilisez des ballons légèrement différents (motifs). Au départ, les ballons doivent être l'un en face de l'autre.

3. Au signal, chaque joueur passe rapidement le ballon à son équipier de droite, tout en esquivant le membre du camp adverse qui se trouve près de lui.

4. Chaque équipe veillera, sans le faire tomber, à ce que son ballon rattrape celui de ses adversaires.

16 Le ballon ambulant

Dans cette activité, il faut faire passer un ballon dans le camp adverse. Plus il y a de participants, plus ce jeu est amusant!

- **Âge :** à partir de 7 ans
- **Durée approximative :** 5 minutes
- **Nombre de joueurs :** 2 ou plus
- **Matériel :** 1 ballon grand et lourd, 1 ballon petit et léger par joueur, 1 craie
- **Activité :** moyenne

1. Tracez deux lignes parallèles, à 10 mètres l'une de l'autre. Dessinez un cercle, à égale distance de chacune et au centre, et posez-y le ballon lourd.

2. Chaque équipe ou joueur se place derrière une des deux lignes. Avant de commencer la partie, chaque participant reçoit un ballon.

3. Il s'agit de faire passer le ballon lourd dans le camp adverse, en le poussant avec le léger. Naturellement, seuls les tirs au pied sont autorisés.

4. Pour gagner la partie, le ballon lourd doit passer dans le camp adverse.

17 La balle qui sauve

Pour ne pas se faire attraper, il faut courir plus vite que ses adversaires ou avoir en sa possession le ballon qui rend invincible.

- **Âge :** à partir de 8 ans
- **Durée approximative :** 5 minutes
- **Nombre de joueurs :** 8 ou plus
- **Matériel :** 1 ballon pour 4 joueurs chassés
- **Activité :** intense

1. Formez deux équipes égales et tirez au sort celle des chasseurs et celle des chassés.

2. Donnez un ballon pour quatre joueurs à l'équipe des chassés. En sa possession, un participant est invincible et ne peut donc pas être capturé par les chasseurs.

3. Les chasseurs cherchent à attraper les chassés. Les chassés munis de la balle doivent la passer à leurs partenaires afin que ceux-ci deviennent à leur tour invincibles. Naturellement, les chassés peuvent se déplacer et courir pour éviter les chasseurs.

4. Lorsqu'un joueur est attrapé par un chasseur, il faut retirer une balle de la partie. Le joueur capturé passe alors dans le camp des chasseurs. La partie est terminée lorsqu'il ne reste plus qu'un seul chassé et une balle.

18 Survoler les arbres

Les joueurs, par deux, doivent être capables de passer en se tenant par la main au-dessus des arbres, joués par des participants.

- **Âge :** à partir de 7 ans
- **Durée approximative :** 10 minutes
- **Nombre de joueurs :** 6 ou plus
- **Matériel :** aucun
- **Activité :** moyenne

1. Choisissez deux joueurs qui seront les premiers à passer au-dessus des arbres.

2. Les arbres (d'autres participants) sont assis par terre, les mains jointes au-dessus de leur tête. 1 mètre sépare chaque arbre.

3. Les deux joueurs se tiennent par la main et avancent en essayant de ne pas toucher les arbres. Ils peuvent marcher sur la pointe des pieds et même sauter. Si les arbres sont touchés, ils crient : « Les arbres poussent ! » De la position assise, les arbres passent à la position accroupie. S'ils sont touchés à nouveau, ils se mettent à genoux.

4. Celui qui a touché l'arbre devient à son tour arbre et est remplacé par ce dernier.

19 Le combat de coqs

Les joueurs devront faire preuve d'un bon équilibre et d'une grande adresse. Le perdant est celui qui tombe le premier.

- **Âge :** à partir de 5 ans
- **Durée approximative :** 5 minutes
- **Nombre de joueurs :** 2 ou plus
- **Matériel :** aucun
- **Activité :** moyenne

1. Les joueurs sont face à face et accroupis. Au signal, les deux participants avancent l'un vers l'autre en sautillant, les bras en avant pour pousser l'adversaire.

2. Le premier qui réussit à déséquilibrer l'autre et à le faire tomber est le vainqueur. Ce jeu est très amusant si les participants sont de force égale.

20 Par 2, par 3, par 4 !

C'est un jeu amusant qui sert à créer des équipes pour une autre activité.

- **Âge :** à partir de 7 ans
- **Durée approximative :** 10 minutes
- **Nombre de joueurs :** 8 ou plus (en nombre pair)
- **Matériel :** aucun
- **Activité :** moyenne

1. Les participants sont éparpillés sur toute la surface de jeu. Parmi eux, désignez qui sera le meneur.

2. Celui-ci crie : « Par… (puis un chiffre) ! » Le chiffre doit toujours être inférieur ou égal au nombre total de joueurs.

3. Les joueurs forment immédiatement des équipes en respectant le chiffre crié par le meneur. Ceux qui ne trouvent pas de place dans un groupe attendent un nouveau chiffre pour s'intégrer dans une autre équipe et continuer à jouer.

4. Pour terminer, le meneur de jeu annonce le chiffre qui représente la moitié des participants, lui compris.

5. Vous vous retrouvez donc avec deux équipes composées pour commencer une nouvelle activité.

21 Le poteau empoisonné

Le joueur qui touche le poteau dans une folle ronde est éliminé de la partie.

- **Âge :** à partir de 7 ans
- **Durée approximative :** 10 minutes
- **Nombre de joueurs :** 7 ou plus
- **Matériel :** aucun
- **Activité :** intense

1. Tirez au sort celui qui aura le rôle du poteau empoisonné. Les autres joueurs forment une ronde autour de lui.

2. Le poteau empoisonné reste bien au centre, immobile. Lorsqu'il crie : « Tournez ! », la ronde se met en mouvement autour de lui.

3. Plus le poteau crie, plus la ronde va vite. Si un des joueurs lâche la main de son équipier, il est éliminé.

4. Celui qui touche le poteau est aussi éliminé. La partie se termine lorsqu'il ne reste plus que deux joueurs autour du poteau.

22 Le béret

Vous devez être très attentif pour réagir au plus vite lorsque c'est à vous de jouer.

- **Âge :** à partir de 7 ans
- **Durée approximative :** 30 minutes
- **Nombre de joueurs :** 9 ou plus
- **Matériel :** 1 craie, 1 béret ou 1 autre objet au choix (mouchoir...)
- **Activité :** intense

1. Tirez au sort un meneur de jeu. Il aura la charge de tenir le béret. Répartissez-vous en deux équipes puis numérotez-vous. Tracez sur le sol trois lignes parallèles, à 7 mètres les unes des autres. Le meneur, tenant le béret à bout de bras, se place à l'extrémité de la ligne centrale. Chaque équipe se place sur une des lignes de départ.

2. Le meneur appelle alors deux joueurs par le chiffre qu'ils ont choisi. Ils s'élancent aussitôt pour récupérer en premier le béret et rejoindre leur camp sans être attrapés par leur adversaire.

3. Si un joueur réussit à franchir avec le béret la ligne derrière laquelle se tient son équipe, son poursuivant est éliminé et vient se placer juste à côté du meneur. En revanche, s'il est touché avant d'avoir pu franchir la ligne, c'est lui qui est éliminé.

4. Aucun joueur ne peut franchir la ligne centrale tant que son adversaire n'a pas pris le béret. Si un joueur fait une feinte et que son adversaire tombe dans le piège et franchit la ligne, ce dernier est éliminé. Il se place alors également à côté du meneur.

5. Un autre membre de l'équipe à laquelle il appartient récupère son numéro et l'ajoute au sien, ou à ceux qu'il a déjà récupérés par élimination de ses coéquipiers.

6. Le joueur qui est arrivé à s'emparer du béret peut libérer ses coéquipiers éliminés en les touchant de la main lors de sa course vers son camp. Mais si l'un deux est touché par le poursuivant alors qu'il court vers son camp, il est à nouveau éliminé.

7. Le meneur continue à annoncer des numéros jusqu'à ce que tous les joueurs d'une équipe soient éliminés.

23 Le ballon porté

Adresse et coordination sont indispensables au sein de chaque équipe.

- **Âge :** à partir de 8 ans
- **Durée approximative :** 10 minutes
- **Nombre de joueurs :** 8 ou plus
- **Matériel :** 2 ballons, 1 balai par joueur, 2 seaux, 1 craie
- **Activité :** moyenne

1. Tracez sur le sol une ligne de départ et, à 10 mètres environ, placez les deux seaux. Formez deux équipes. Chaque joueur prend un balai.

2. Les deux équipes se placent sur la ligne de départ et forment un cercle. Joignez les balais au centre du cercle et placez le ballon dessus.

3. Au signal, chaque équipe avance vers son seau. Le ballon est toujours posé sur les balais. Si le ballon tombe, les joueurs doivent le remettre à sa place sans le toucher de leurs mains.

4. Les vainqueurs seront ceux qui parviendront à mettre les premiers le ballon dans le seau de leur équipe.

24 Saute-poulain

Ce jeu est une variante un peu plus complexe du célèbre saute-mouton !

- **Âge :** à partir de 8 ans
- **Durée approximative :** 10 minutes
- **Nombre de joueurs :** 9 ou plus
- **Matériel :** aucun
- **Activité :** moyenne

1. Désignez par tirage au sort celui qui, au départ, aura le rôle du poulain. Les autres participants se placent à environ 2 mètres de lui, en file indienne.

2. Lorsque la partie commence, le poulain est accroupi sur le sol. Les autres lui sautent par-dessus en prenant appui des deux mains sur son dos et en écartant les jambes. Ils ne doivent pas toucher le poulain.

3. Quand chaque joueur a effectué son premier saut, le poulain se redresse un petit peu (il se met par exemple à genoux). Tous les joueurs sautent à nouveau par-dessus le poulain. À chaque passage, il se lève un peu plus qu'auparavant.

4. Le joueur qui rate son saut (parce que l'obstacle lui semble trop haut ou parce qu'il touche le poulain avec ses jambes) prend la place du poulain, à la même hauteur.

25 Le chat et le rat

Ce jeu de poursuite est originaire du Zaïre. La capture du rat est empêchée par les autres participants.

- **Âge :** à partir de 8 ans
- **Durée approximative :** 10 minutes
- **Nombre de joueurs :** 8 ou plus
- **Matériel :** aucun
- **Activité :** intense

1. Choisissez celui qui jouera le rôle du rat, celui qui sera le chat ainsi qu'un meneur de jeu.

2. Les autres participants se positionnent en rangées, les uns derrière les autres et les bras en croix. Ils doivent pouvoir se toucher du bout des doigts.

3. Le chat et le rat sont placés à l'opposé l'un de l'autre. Le chat poursuit le rat à travers les couloirs formés par les autres joueurs. Les « animaux » ne peuvent pas en sortir.

4. Au signal du meneur de jeu, les participants exécutent rapidement un quart de tour sur leur droite et changent de ce fait l'orientation des couloirs.

5. Lorsque le chat attrape le rat, choisissez deux nouveaux participants pour jouer ces rôles.

26 Le lancer de pantoufle

Le lancer de pantoufle dans une telle position nécessite adresse et souplesse !

- **Âge :** à partir de 8 ans
- **Durée approximative :** 5 minutes
- **Nombre de joueurs :** 2 ou plus
- **Matériel :** 1 pantoufle ou 1 objet mou et léger que l'on peut lancer, 1 craie
- **Activité :** faible

1. Tracez une ligne sur laquelle se place un joueur pour lancer l'objet.

2. Le lanceur, placé derrière la ligne, tient la pantoufle dans sa main. Ses jambes sont écartées. Il se penche et fait passer sa main entre ses jambes.

3. Il fait prendre de l'élan à sa main, puis lance l'objet par-dessus son dos.

4. Marquez au sol la distance parcourue par la pantoufle. Le gagnant est celui qui lance le plus loin.

27 Le relais du balai

Il faut faire avancer un ballon le plus rapidement possible, au moyen d'un balai.

- **Âge :** à partir de 10 ans
- **Durée approximative :** 10 minutes
- **Nombre de joueurs :** 6 ou plus
- **Matériel :** 1 balai par joueur, 1 ballon par équipe, 1 craie
- **Activité :** intense

1. Formez deux équipes ou plus. Tracez un parcours et déterminez une ligne d'arrivée. Chaque participant reçoit un balai.

2. Les membres de chaque équipe se placent à différents endroits du parcours.

3. Au signal, les premiers de chaque équipe s'élancent jusqu'au relayeur suivant, en poussant le ballon avec leur balai.

4. Le ballon passe d'un relayeur à l'autre jusqu'à ce que le dernier franchisse la ligne d'arrivée et gagne.

28 Trois à collaborer

Les joueurs se font sans cesse des passes et changent de position.

- **Âge :** à partir de 10 ans
- **Durée approximative :** 10 minutes
- **Nombre de joueurs :** 11 ou plus
- **Matériel :** 1 ballon
- **Activité :** intense

1. Les joueurs forment deux cercles concentriques autour d'un participant placé au centre, qui a le ballon en sa possession.

2. Le joueur du centre envoie le ballon à l'un de ceux qui appartient au cercle intérieur, puis va se placer derrière un joueur du cercle extérieur.

3. Quand le joueur du centre change de place, celui qui se trouve devant lui (sur le cercle intérieur) le remplace.

4. Le participant qui a reçu la balle la passe à celui qui se trouve derrière lui, afin que ce dernier l'envoie à celui qui désormais est au centre. Ensuite, le jeu se répète.

29 Quadriges

Un jeu de course qui nécessite une bonne coordination et une parfaite entente entre les membres d'une même équipe.

- **Âge :** à partir de 10 ans
- **Durée approximative :** 5 minutes
- **Nombre de joueurs :** 8 ou plus (par équipe de 4)
- **Matériel :** 1 craie
- **Activité :** moyenne

1. Commencez par tracer une ligne de départ et une ligne d'arrivée. Pour former un quadrige, il est nécessaire d'être quatre. Le plus robuste sera le fauteuil et le plus mince l'écuyer. Les deux autres seront les appuis.

2. Les deux appuis se placent côte à côte et se tiennent par les épaules. Le fauteuil baisse la tête et vient la placer au niveau de la taille des appuis, en passant un bras autour de chacun.

3. L'écuyer s'assoit sur le dos de celui qui tient le rôle du fauteuil et tous les quatre se placent sur la ligne de départ.

4. L'équipe gagnante est celle qui franchit la ligne d'arrivée en premier.

30 Le fronton

Il est recommandé d'utiliser une balle de tennis. Un jeu idéal pour occuper les récréations !

- **Âge :** à partir de 10 ans
- **Durée approximative :** 30 minutes
- **Nombre de joueurs :** 2 ou plus
- **Matériel :** 1 craie, 1 balle de tennis, 1 mur
- **Activité :** intense

1. Dessinez sur le mur un trait parallèle au sol, à 1 mètre de hauteur. Tracez par terre un trait parallèle au mur, à 2 mètres de distance de celui-ci.

2. Les joueurs se placent en file indienne derrière le trait marqué au sol. Le premier participant de la file fait rebondir la balle au sol. Il vient la frapper avec sa main, puis la dirige vers le mur pour qu'elle le heurte au-dessus de la ligne dessinée.

3. Pour que le lancer soit bon, la balle doit ensuite rebondir sur le sol derrière la ligne tracée. Si tel est le cas, le joueur suivant tente de la frapper à son tour pour qu'elle rebondisse à nouveau sur le mur.

4. Lorsqu'un joueur échoue (il rate la balle ou la fait rebondir à l'intérieur des limites), il est éliminé.

5. Si un participant est gêné par un de ses équipiers, vous pouvez lui offrir une chance supplémentaire.

Jeux

Les fréquentes averses de printemps empêchent parfois de sortir jouer comme prévu. Les plus petits sont souvent très nerveux à l'idée de devoir rester enfermés à la maison. Pour transformer cette situation en un moment agréable et stimulant, cette rubrique décrit les jeux d'intérieurs les plus amusants.

pour les jours de pluie

20 Jeux pour les jours de pluie. Ces activités ont été spécialement choisies pour être réalisées à la maison ou dans des lieux à l'espace réduit. Elles requièrent imagination, adresse et une certaine capacité d'observation.

31 Le stylo qui tourne

Dans ce jeu facile, le stylo désigne le joueur qui doit se défaire d'un jeton.

- **Âge :** à partir de 4 ans
- **Durée approximative :** 10 minutes
- **Nombre de joueurs :** 2 ou plus
- **Matériel :** 1 stylo, 3 jetons par joueur
- **Activité :** faible

1. Chaque joueur reçoit trois jetons. Les participants sont assis en cercle par terre ou bien autour d'une table.

2. Au centre, placez un stylo horizontalement. Un des joueurs le fait tourner sur lui-même.

3. Le participant vers lequel est pointé le stylo lorsque celui-ci cesse de tourner doit se défaire d'un de ses jetons. Il fait ensuite tourner le stylo à son tour.

4. La partie prend fin lorsque tous les joueurs, sauf un (le vainqueur), se retrouvent sans jetons, ou lorsque le stylo désigne trois fois de suite le même participant.

32 Les bravos de papier

Ce jeu est idéal pour apprendre aux plus petits à se concentrer. Ils devront faire attention à leurs mouvements, malgré le bruit des bravos.

- **Âge :** à partir de 5 ans
- **Durée approximative :** 5 minutes
- **Nombre de joueurs :** 2 ou plus
- **Matériel :** 1 feuille de papier par joueur
- **Activité :** moyenne

1. Les participants sont debout et forment un cercle. Une feuille de papier est coincée entre leurs mains.

2. Au signal, tous les joueurs commencent à applaudir. Ils doivent veiller à ce que la feuille ne tombe pas.

3. Ceux dont la feuille tombe sont éliminés. Les autres continuent à applaudir.

4. La partie est terminée lorsqu'il ne reste plus qu'un seul joueur.

33 Traverser la rivière

La seule façon de traverser la rivière est de marcher sur une feuille de papier.

- **Âge :** à partir de 5 ans
- **Durée approximative :** 10 minutes
- **Nombre de joueurs :** 2 ou plus
- **Matériel :** 3 feuilles de papier par joueur
- **Activité :** moyenne

1. Chaque joueur reçoit trois feuilles de papier et s'adosse à un mur.

2. Le sol de la pièce tient lieu de rivière. Pour la traverser, les joueurs doivent marcher sur les feuilles de papier.

3. Au signal, posez la première feuille par terre. Placez-y un pied et ensuite, posez la deuxième feuille devant la première, sur laquelle vous mettez l'autre pied. Lorsque vous placez votre pied sur la troisième feuille, ramassez la première et ainsi de suite. Il vous faut réaliser tout le parcours de cette façon.

4. Si un joueur pose un pied en dehors de la feuille, il doit tout recommencer depuis le début. Le gagnant est celui qui traverse la rivière (la pièce) en premier.

34 Le fil

Ce jeu permet de décider du participant qui commencera une autre activité.

- **Âge :** à partir de 5 ans
- **Durée approximative :** 5 minutes
- **Nombre de joueurs :** 2 ou plus
- **Matériel :** 1 fil d'environ 10 cm
- **Activité :** faible

1. Décidez d'un ordre de passage. Le premier tient le fil par une extrémité et le tend au joueur qui est à sa droite.

2. Ce dernier prend le fil juste en dessous des doigts de son équipier, puis le premier replace les siens en dessous, et ainsi de suite.

3. Ainsi, les deux joueurs descendent petit à petit vers le bas du fil. Il reste à chaque fois un peu moins de place pour l'attraper. Le vainqueur sera celui qui ne pourra pas se saisir du fil. Il pourra donc commencer le prochain jeu.

35 Chaud ou froid

Il faut trouver l'objet caché par un des joueurs, uniquement grâce à des indices de chaleur.

- **Âge :** à partir de 5 ans
- **Durée approximative :** 10 minutes
- **Nombre de joueurs :** 2 ou plus
- **Matériel :** 1 objet de taille moyenne
- **Activité :** faible

1. Tirez au sort un meneur de jeu, qui va cacher un objet de son choix.

2. Une fois l'objet caché, il dit aux joueurs : « Cherchez ! » Les autres participants lui demandent s'ils en sont proches ou non.

3. Pour les aider, le meneur dit : « chaud » si les joueurs sont à proximité de l'objet, « tu brûles » s'ils sont à côté, « froid » lorsqu'ils sont loin et « tu gèles » s'ils s'éloignent encore davantage.

4. Le premier à avoir trouvé l'objet pourra à son tour en cacher un autre.

36 Si j'étais...

Avant de commencer à jouer, il est préférable de définir les objets que les participants pourront utiliser. L'imagination est primordiale.

- **Âge :** à partir de 6 ans
- **Durée approximative :** 10 minutes
- **Nombre de joueurs :** 2 ou plus
- **Matériel :** des objets que l'on trouve dans toutes les maisons
- **Activité :** moyenne

1. Un des joueurs commence la partie en disant : « Si j'étais... », puis il ajoute le nom d'une profession et trois objets indispensables pour l'exercer. S'il décide d'être menuisier, il dit : « Si j'étais menuisier, j'aurais besoin de bois, d'une scie et de clous. »

2. Les autres participants cherchent dans la maison le matériel demandé ou des objets pouvant le remplacer. Puis ils se présentent devant le menuisier.

3. Ils disent à tour de rôle : « Comme tu es menuisier, nous t'apportons du bois. » Ils peuvent très bien lui montrer un crayon. La scie peut être remplacée par un peigne et les clous par des cure-dents.

4. Le menuisier cède sa place à celui qui aura le plus fait preuve d'imagination.

37 Qui me pèse ?

Dans ce jeu, il faut être capable de juger le poids de différents objets, uniquement en les regardant.

- **Âge :** à partir de 7 ans
- **Durée approximative :** 10 minutes
- **Nombre de joueurs :** 2 ou plus
- **Matériel :** 1 balance et 5 objets (des clefs, 1 pomme...), 1 chronomètre ou 1 montre affichant les secondes
- **Activité :** faible

1. Un adulte sera le meneur et organisera la partie. Pour commencer, il présente aux participants cinq objets différents.

2. Durant 15 secondes, les joueurs observent les objets. Dans un premier temps, ils les classent mentalement du plus léger au plus lourd.

3. Puis le meneur de jeu demande à chacun comment il les rangerait et note toutes les réponses.

4. Le meneur pèse les objets au moyen de la balance et les range dans l'ordre croissant. Le plus proche du résultat choisit à son tour cinq nouveaux objets, pour qu'une autre partie puisse commencer.

38 Les papas et les mamans

Pour reconstituer sa famille et retrouver son bébé, il s'agit d'avoir l'ouïe fine ! Attention aux plus jeunes joueurs qui auront les yeux bandés.

- **Âge :** à partir de 6 ans
- **Durée approximative :** 30 minutes
- **Nombre de joueurs :** 9 ou plus
- **Matériel :** 2 bandeaux par équipe de 3 joueurs
- **Activité :** moyenne

1. Formez des équipes de trois. Un joueur a le rôle du papa, un autre de la maman et le troisième du bébé.

2. Le papa et la maman de chaque équipe se bandent les yeux.

3. Les bébés s'éparpillent en silence dans toute la maison ou dans toute la pièce.

4. Les bébés commencent à pleurer tous en même temps, sans bouger de l'endroit où ils se trouvent.

5. Les parents doivent retrouver leur bébé respectif. La première famille qui y parvient a gagné, mais le jeu n'est terminé que lorsque toutes les familles sont reconstituées.

39 Le football à quatre pattes

Les joueurs sont à quatre pattes. Ils ne peuvent pousser la balle ni avec les pieds ni avec les mains.

- **Âge :** à partir de 6 ans
- **Durée approximative :** 30 minutes
- **Nombre de joueurs :** 2 ou plus
- **Matériel :** 1 ballon
- **Activité :** moyenne

1. Formez deux équipes égales. Mettez-vous à quatre pattes et placez le ballon au centre de la pièce.

2. Pour marquer un but, chaque équipe devra se saisir du ballon, puis essayer de l'envoyer toucher le mur du camp adverse.

3. Les joueurs n'ont pas le droit de pousser le ballon avec les pieds et les mains. Ils ne peuvent utiliser que la tête, les coudes et les genoux.

4. La partie est terminée lorsque les joueurs sont trop fatigués pour continuer.

40 Qui est le voleur ?

Celui qui sera désigné comme policier devra avant tout compter sur sa mémoire. Le sens de l'observation est ici indispensable !

- **Âge :** à partir de 7 ans
- **Durée approximative :** 10 minutes
- **Nombre de joueurs :** 7 ou plus
- **Matériel :** 1 objet de petite taille par joueur (sauf pour le policier), 1 chronomètre ou 1 montre affichant les secondes
- **Activité :** faible

1. Tout d'abord, choisissez celui qui sera le policier. Les autres participants joueront les voleurs.

2. Chaque voleur possède un objet (des clefs, un mouchoir…). Pendant 20 secondes, chaque joueur montre son objet.

3. Au bout de ce laps de temps, le policier sort de la pièce. Un voleur laisse en évidence l'objet qu'il avait en sa possession. Les autres cachent le leur.

4. Le policier revient dans la pièce, doit trouver l'objet puis le remettre à son voleur. Pendant ce temps, les participants se déplacent dans toute la pièce pour distraire le policier.

41 La pluie

Par équipe de deux, les joueurs vont essayer d'imiter le bruit de l'orage.

- **Âge :** à partir de 6 ans
- **Durée approximative :** 5 minutes
- **Nombre de joueurs :** 6 ou plus
- **Matériel :** aucun
- **Activité :** faible

1. Choisissez un meneur de jeu. Tous les participants se placent dans la salle de façon à le voir.

2. Quand le meneur lève un doigt, tous les autres commencent à applaudir en utilisant uniquement leur index.

3. Plus le meneur de jeu lève de doigts, plus les participants applaudissent en ajoutant des doigts. Ils doivent le faire de plus en plus vite et de plus en plus fort. Il faut essayer de ne jamais se tromper.

4. Lorsque les joueurs applaudissent avec la totalité des doigts, le meneur fait progressivement retirer des doigts aux applaudissements. Vous remarquerez que l'effet sonore produit est identique au passage d'une averse.

42 L'assassin aveugle

Jeu de cache-cache où personne ne désire trouver l'assassin sur son chemin.

- **Âge :** à partir de 7 ans
- **Durée approximative :** 30 minutes
- **Nombre de joueurs :** 7 ou plus
- **Matériel :** 1 bandeau par joueur, des petits papiers, 1 stylo
- **Activité :** moyenne

1. Pliez des petits papiers. Faites une croix sur l'un deux. Celui qui tire au sort ce papier est l'assassin.

2. Placez-vous au centre de la salle. Tous les joueurs, y compris l'assassin, ont les yeux bandés.

3. Marchez dans toute la pièce. Lorsque vous croisez un autre joueur, touchez-vous la main une fois.

4. Seul l'assassin touche deux fois la main des autres participants. Celui qui est touché par l'assassin se retire du jeu en silence.

5. La partie est terminée lorsqu'il ne reste plus qu'un joueur. Si le nombre de participants est très élevé, plusieurs d'entre eux peuvent jouer le rôle de l'assassin.

43 Les points communs

C'est un jeu idéal à pratiquer lorsqu'on est obligé de rester à la maison.

- **Âge :** à partir de 6 ans
- **Durée approximative :** 10 minutes
- **Nombre de joueurs :** 2 ou plus
- **Matériel :** aucun
- **Activité :** faible

1. Décidez d'un ordre de passage. Le premier joueur choisit la caractéristique commune de tous les objets à trouver.

2. Les autres participants devront dire le nom d'un objet vu de tous qui possède la caractéristique exigée. Le suivant cite à son tour un autre objet.

3. Lorsqu'il ne reste plus d'objets, le dernier à en avoir proposé un a la charge de définir la caractéristique commune des objets suivants.

44 Le basket baudruche

Ce jeu est une très libre adaptation du basket! Si on dispose d'un espace assez dégagé, c'est un jeu d'intérieur idéal.

- **Âge :** à partir de 7 ans
- **Durée approximative :** 30 minutes
- **Nombre de joueurs :** 4 ou plus
- **Matériel :** 1 ballon de baudruche, 2 corbeilles à papier
- **Activité :** moyenne

1. Placez deux corbeilles suffisamment larges à chaque extrémité de la pièce et formez deux équipes.

2. Chaque camp choisit une corbeille. Pour marquer un panier, il faudra mettre le ballon dans la corbeille.

3. Pour commencer à jouer, lancez le ballon en l'air au centre de la salle. Pour le déplacer, les joueurs ne peuvent le toucher qu'avec leur index.

4. Chaque panier vaut 1 point. L'équipe qui vient de marquer remet en jeu le ballon au centre de la pièce.

45 Le ballon de baudruche volant

- **Âge :** à partir de 7 ans
- **Durée approximative :** 5 minutes
- **Nombre de joueurs :** 2 ou plus
- **Matériel :** 1 ballon de baudruche par équipe
- **Activité :** moyenne

Les joueurs sont uniquement autorisés à souffler sur le ballon pour qu'il reste en l'air. Il est interdit de le toucher !

1. Formez deux équipes. Chacune reçoit un ballon de baudruche de couleur différente. Avant le début de la partie, il faut gonfler les ballons et les nouer.

2. Au signal, chaque équipe lance son ballon et tente de le maintenir dans les airs en soufflant pour qu'il ne tombe pas.

3. Il est interdit de toucher un ballon. L'équipe dont le ballon sera resté en l'air le plus longtemps sera la gagnante.

46 La phrase cachée

- **Âge :** à partir de 8 ans
- **Durée approximative :** 30 minutes
- **Nombre de joueurs :** 2 ou plus
- **Matériel :** 1 feuille, 1 stylo, 1 paire de ciseaux
- **Activité :** faible

Il faut deviner lettre par lettre une phrase choisie par un joueur. Il n'a le droit d'utiliser que des expressions ou des proverbes connus.

1. Un des joueurs écrit sur une feuille une phrase ou un proverbe connu. Les lettres doivent être assez grandes.

2. Découpez toutes les lettres de la phrase, placez les sur une table et retournez-les pour que les autres joueurs ne les voient pas. Prenez garde de bien conserver l'ordre des lettres dans la phrase.

3. Chaque participant propose une lettre. Si elle figure dans la phrase, elle est retournée face aux joueurs. Celui qui a proposé cette lettre peut rejouer et en annoncer une autre.

4. Lorsqu'un joueur a deviné la totalité de la phrase, il attend son tour et la dit à voix haute. Il proposera alors la phrase suivante.

47 Les saluts gestuels

Un excellent jeu de geste et de mémoire à pratiquer en groupe.

- **Âge :** à partir de 8 ans
- **Durée approximative :** 10 minutes
- **Nombre de joueurs :** 6 ou plus
- **Matériel :** aucun
- **Activité :** faible

1. Les joueurs sont assis par terre en cercle ou autour d'une table.

2. Un participant dit : « Je m'appelle Paul et je salue comme cela. » Il fait alors un geste particulier, comme remuer la tête ou se toucher l'oreille…

3. Le joueur suivant se présente de la même façon, mais en faisant un geste différent. Tous doivent se présenter de la sorte.

4. Le premier participant dit alors : « Je m'appelle Paul, je salue comme cela (il répète son geste), et je salue Jeanne qui salue comme cela. » Il reproduit alors le geste de salutation de Jeanne.

5. Le joueur qui a été salué salue à son tour un autre participant. Il ne faut pas se tromper de geste.

48 Un pilote sans visibilité

Ce jeu exige une bonne coordination et surtout une grande confiance en son équipier.

- **Âge :** à partir de 8 ans
- **Durée approximative :** 30 minutes
- **Nombre de joueurs :** 2 ou plus
- **Matériel :** 1 bandeau pour 2 joueurs
- **Activité :** moyenne

1. Décidez d'un parcours (par exemple : de la chambre au salon en passant par la salle à manger et revenir au point de départ).

2. Un joueur est le pilote et l'autre le copilote. Le pilote a les yeux bandés. Le copilote doit lui indiquer le chemin en lui disant : « Un pas sur la droite, deux à gauche… »

3. Le pilote, sans visibilité, suit les indications de son équipier. Lorsque la totalité du parcours a été réalisée, échangez les rôles.

4. S'il y a plus de deux participants, les différentes équipes peuvent effectuer le parcours en même temps. L'objectif sera alors d'arriver en première position, ou de heurter le moins d'obstacles possibles.

49 Le doigt de fer

Un jeu rapide pour désigner le premier participant d'une prochaine activité. Les joueurs doivent avoir une force identique.

- **Âge :** à partir de 9 ans
- **Durée approximative :** 5 minutes
- **Nombre de joueurs :** 2
- **Matériel :** aucun
- **Activité :** moyenne

1. Les joueurs sont l'un en face de l'autre. Leur pied droit est en avant, l'un à côté de l'autre.

2. Le coude collé au corps, chacun ferme le poing et attrape, avec son index, celui de son adversaire.

3. Au signal, les deux joueurs tirent la main de l'adversaire vers eux.

4. Le premier qui fait bouger le coude de l'autre a gagné.

50 Le ticoti

Jeu d'expression verbale qui demande une grande attention. En effet, les langues s'entremêlent très rapidement.

- **Âge :** à partir de 9 ans
- **Durée approximative :** 10 minutes
- **Nombre de joueurs :** 10 ou plus
- **Matériel :** 2 petits objets
- **Activité :** faible

1. Les joueurs sont assis en cercle. L'un d'eux tient dans sa main un objet. C'est le ticoti. Le joueur passe l'objet à son participant de droite et lui dit : « Je te donne le ticoti. » L'autre lui demande : « Qu'est-ce que c'est ? », et le premier lui répond : « C'est le ticoti. »

2. Le deuxième joueur le prend et dit : « Ah ! C'est le ticoti ! » Il le tend à son tour à son voisin de droite en lui disant : « Je te donne le ticoti. »

3. Lorsque le troisième demande au deuxième : « Qu'est-ce que c'est ? », ce dernier repose alors la question au premier qui répond : « C'est le ticoti. » Le deuxième rapporte au troisième la réponse donnée par le premier joueur.

4. Lorsque le troisième joueur reçoit la réponse, il dit : « Ah ! C'est le ticoti ! » Il prend l'objet et le jeu se poursuit à l'identique avec les autres participants. La chaîne des questions et des réponses devient au fur et à mesure de plus en plus longue.

5. Quand le ticoti est déjà bien avancé dans le jeu et que les questions s'accumulent, le premier peut passer un nouvel objet : le ticota. Il pose alors les mêmes questions et donne les mêmes réponses, mais en commençant par la gauche. Le jeu consiste à ne pas se perdre entre les questions et les réponses qui se croisent et s'emmêlent.

Jeux

de kermesse

Les kermesses sont de grands événements pour tous les enfants, puisqu'elles marquent souvent la fin de l'année scolaire.
Les jeux sont généralement pratiqués dans des stands. Pour les construire, les organisateurs doivent s'y prendre à l'avance, réfléchir à leur préparation, au matériel nécessaire, penser au jeu ainsi qu'à son succès auprès des enfants.

10 Jeux de kermesse. Les activités présentées ici se pratiquent souvent individuellement. Cependant le public joue un rôle très important puisqu'il va encourager et conseiller le joueur. Pour départager les participants, vous pouvez instaurer un barème de points qui permettra d'offrir un cadeau au vainqueur.

51 La pêche à la ligne

Les participants doivent attraper des poissons qui flottent dans une grande bassine. Un classique des kermesses!

- **Âge:** à partir de 6 ans
- **Durée approximative:** 5 minutes
- **Nombre de joueurs:** 1 ou plus
- **Matériel:** 1 grande bassine, de l'eau, du fil de fer, du plomb de pêche, 1 ficelle, des boules en polystyrène, 1 feutre indélébile, 1 baguette en bois de 50 cm de long, 1 pince universelle
- **Activité:** faible

1. Pour fabriquer les poissons, perforez les boules de polystyrène de part en part à l'aide du fil de fer. Formez un anneau à l'extrémité supérieure du fil de fer, en le torsadant avec la pince universelle. À l'extrémité inférieure, fixez un plomb de pêche.

2. Décorez les poissons et marquez un chiffre correspondant à un nombre de points sur leur ventre.

3. Pour confectionner la canne à pêche, attachez 50 centimètres de ficelle au bout de la baguette, puis fixez à son extrémité un hameçon, obtenu en recourbant un morceau de fil de fer.

4. Remplissez une bassine d'eau et faites flotter les poissons. Le joueur dispose exactement de 3 minutes pour en pêcher le plus grand nombre. Ce laps de temps écoulé, totalisez le nombre de points obtenus en additionnant les chiffres qui figurent sous le ventre des poissons pêchés.

52 Le lancer dans le verre

Un exercice des plus divertissants ! Pour introduire une pièce de monnaie dans un verre plongé sous l'eau, il faut lancer avec assurance.

- **Âge :** à partir de 7 ans
- **Durée approximative :** 5 minutes
- **Nombre de joueurs :** 1 ou plus
- **Matériel :** 1 bassine, de l'eau, 1 verre, 3 pièces de monnaie par joueur, 1 craie
- **Activité :** faible

1. Remplissez la bassine d'eau et placez le verre au centre et au fond de la bassine.

2. À 2 mètres de la bassine, tracez une ligne, de laquelle les joueurs devront lancer les pièces de monnaie. Chaque participant dispose de trois pièces.

3. Pour gagner, il faut introduire les pièces dans le verre. Mais attention, l'eau brouille les distances et la trajectoire de la pièce est déviée au contact du liquide…

4. Chaque lancer gagnant vaut 1 point. Si un joueur arrive à introduire ses trois pièces, il bénéficie d'un bonus de 2 points.

53 Le tri

Le toucher est fondamental, puisque les joueurs ont les yeux bandés.

- **Âge :** à partir de 7 ans
- **Durée approximative :** 10 minutes
- **Nombre de joueurs :** 2 ou plus
- **Matériel :** 1 bandeau par joueur, 1 chronomètre ou une montre affichant les secondes, 1 boîte, 1 poignée de pois chiches, 1 poignée de lentilles, 1 poignée de haricots blancs
- **Activité :** faible

1. Placez dans la boîte les haricots blancs, les pois chiches et les lentilles. Secouez la boîte pour tout mélanger.

2. Au signal, les joueurs, les yeux bandés, renversent la boîte sur une table. Le plus rapidement possible, les participants, ne se fiant qu'à leur toucher, doivent séparer les pois chiches, les lentilles et les haricots blancs.

3. Le meneur de jeu chronomètre le temps écoulé. Le plus rapide obtient 5 points.

54 L'œil borgne

Il est très difficile d'apprécier les distances lorsque l'on a un œil caché.

- **Âge :** à partir de 7 ans
- **Durée approximative :** 5 minutes
- **Nombre de joueurs :** 1
- **Matériel :** 6 stylos ou 6 petits bâtons de taille identique, du fil de fer, du ruban adhésif, de la pâte à modeler, 1 paire de ciseaux, du papier cartonné
- **Activité :** faible

1. Confectionnez, avec le papier cartonné, la paire de ciseaux et le ruban adhésif, une paire de lunettes ne permettant de voir que d'un œil.

2. Fixez sur un stylo, ou sur un bâton, un anneau d'environ 3 centimètres de diamètre, en torsadant le fil de fer.

3. Les autres stylos sont plantés dans la pâte à modeler. Ils ne doivent pas être alignés.

4. Le joueur met les lunettes et doit faire passer l'anneau autour du premier stylo. S'il y parvient, il passe au deuxième et ainsi de suite.

5. S'il échoue, il recommence le parcours depuis le début.

55 Le pont suspendu

Pour réussir ce jeu, les participants doivent être adroits et savoir bien viser.

- **Âge :** à partir de 7 ans
- **Durée approximative :** 5 minutes
- **Nombre de joueurs :** 1 ou plus
- **Matériel :** de la ficelle, 1 ballon, 3 seaux, 1 baguette d'environ 20 cm de long
- **Activité :** faible

1. Pour construire le pont, fixez un morceau de ficelle d'environ 2 mètres à chaque extrémité de la baguette. Les deux autres extrémités de la ficelle s'attachent à un support. Les deux ficelles, une fois tendues, doivent être parfaitement parallèles et pouvoir supporter le ballon.

2. Tirez la baguette vers vous pour obtenir le pont. Les ficelles sont tendues. Trois seaux sont posés sous le pont. Laissez 50 centimètres entre chaque seau.

3. Lorsque les ficelles sont tendues, le joueur place le ballon dessus. Le ballon avance ou recule quand le participant lève ou descend la baguette. Lorsque le joueur pense que le ballon est au-dessus d'un seau, il détend les ficelles pour que le ballon tombe dedans.

4. Les joueurs disposent de cinq essais pour mettre un ballon dans chaque seau. S'ils y arrivent en moins de cinq essais, ils reçoivent alors un bonus.

56 Les anneaux

Un classique qui nécessite de savoir viser avec une grande précision.

- **Âge :** à partir de 8 ans
- **Durée approximative :** 5 minutes
- **Nombre de joueurs :** 10 ou plus
- **Matériel :** 5 bouteilles, du sable, 3 anneaux d'environ 20 cm de diamètre par joueur, 1 craie
- **Activité :** faible

1. Remplissez à moitié les bouteilles avec du sable pour qu'elles ne tombent pas. Vous pouvez les décorer afin qu'elles soient plus jolies à regarder.

2. Disposez les bouteilles côte à côte, en laissant environ 20 centimètres entre chacune.

3. Placez-vous sur une ligne tracée à la craie, à 3 mètres environ des bouteilles. Chaque joueur peut lancer trois fois ses anneaux.

4. Pour obtenir 1 point, il faut lancer l'anneau et le faire passer autour d'une des bouteilles. Si deux anneaux sont lancés sur une même bouteille, le point n'est pas comptabilisé.

57 Le téléphérique

Pour ce jeu, l'adresse est plus importante que la rapidité du véhicule.

- **Âge :** à partir de 7 ans
- **Durée approximative :** 5 minutes
- **Nombre de joueurs :** 2 ou plus
- **Matériel :** de la ficelle, du papier cartonné, 1 crayon, 1 paire de ciseaux
- **Activité :** faible

1. Pour chaque participant, dessinez sur le papier cartonné une voiture vue de dessus. Découpez-les et pliez-les.

2. Pour chaque voiture, fixez au mur, à 60 centimètres du sol, une ficelle d'environ 2 mètres de long. Les joueurs tendent leur ficelle et y placent, à cheval, leur voiture.

3. Au signal, les participants les font avancer par de petites secousses.

4. Si la voiture tombe, recommencez depuis le début.

5. Le vainqueur est celui qui fait avancer son véhicule jusqu'au bout de la ficelle.

58 Attraper l'anneau

Attraper un anneau avec un stylo, alors que vous êtes sur le dos de votre équipier, requiert une grande adresse.

- **Âge :** à partir de 8 ans
- **Durée approximative :** 30 minutes
- **Nombre de joueurs :** 4 ou plus
- **Matériel :** de la ficelle, des serpentins, des anneaux en plastique d'environ 5 cm de diamètre, 1 crayon par couple de joueurs, 1 craie
- **Activité :** intense

1. Accrochez une ficelle à 2 mètres du sol. Tracez la ligne de départ avec la craie, à 6 mètres de la ficelle.

2. Avec un serpentin, suspendez un anneau au centre de la ficelle. Les autres, tenus également par des serpentins, sont sur le côté. Accrochez quatre anneaux par couple. Un joueur est monté sur le dos de l'autre.

3. Chaque cavalier a un crayon. Celui qui joue le rôle du cheval s'élance en direction des anneaux. Le cavalier doit attraper et décrocher les anneaux avec son crayon.

4. Lorsqu'un cavalier décroche un anneau, faites glisser un de ceux restés sur le côté au centre de la ficelle. On attribue 1 point par anneau décroché.

59 Le parcours incliné

Pour arriver au bout du parcours incliné, il faut pousser une bouteille avec un bâton sans la faire tomber.

- **Âge :** à partir de 8 ans
- **Durée approximative :** 5 minutes
- **Nombre de joueurs :** 1 ou plus
- **Matériel :** 1 planche de 1 x 1,5 m, 1 bouteille en plastique, du sable, 1 feutre, 1 bâton, 1 équerre
- **Activité :** faible

1. D'un bout à l'autre de la planche, dessinez un parcours.

2. Placez la planche contre un mur, inclinée à 40° (aidez-vous de l'équerre).

3. Remplissez à moitié la bouteille avec du sable pour qu'elle soit plus stable, et placez-la au début du parcours.

4. Le joueur pousse la bouteille avec le bâton, sans la faire tomber. Elle doit suivre le parcours sur la planche. Si la bouteille tombe, le joueur recommence depuis le début.

60 Le tunnel

Il faut être adroit et bien viser pour passer la balle sous les arcs et faire tomber le tasseau de bois.

- **Âge :** à partir de 8 ans
- **Durée approximative :** 5 minutes
- **Nombre de joueurs :** 1 ou plus
- **Matériel :** du fil de fer, 1 pince universelle, 1 petite balle, 1 tasseau de bois de 5 x 5 x 20 cm environ
- **Activité :** faible

1. Avec la pince universelle, fabriquez cinq arcs en fil de fer d'environ 20 centimètres de hauteur.

2. Placez les arcs les uns derrière les autres. Au bout de la file, posez le tasseau de bois.

3. Le joueur lance la balle et doit la faire passer sous les arcs pour essayer de faire tomber le tasseau.

4. Si la balle est déviée de sa trajectoire ou fait bouger un arc, le lancer est annulé, même si le tasseau tombe.

Jeux

Avec l'arrivée du printemps, les lieux publics offrent de multiples occasions de s'amuser. On peut jouer à cache-cache, faire des jeux de poursuite, de la balançoire, du toboggan... Les activités proposées dans cette rubrique vous assurent de passer beaucoup de bons moments.

pour les lieux publics

30 Jeux pour les lieux publics. Ces activités permettront aux enfants de s'amuser dans des parcs, des jardins... Comme ces endroits sont généralement entourés de véhicules, ils excluent les ballons et les lancers d'objets. Pour les activités utilisant une balançoire ou un toboggan, la présence d'un adulte est conseillée.

61 Eau, terre et air

Pour ne pas être éliminé, il faut réagir très rapidement aux consignes du meneur de jeu, sans se tromper.

- **Âge :** à partir de 4 ans
- **Durée approximative :** 5 minutes
- **Nombre de joueurs :** 3 ou plus
- **Matériel :** 1 craie
- **Activité :** moyenne

1. Le meneur de jeu trace un trait à la craie sur le sol. Les participants se placent derrière et sont face au meneur. Celui-ci dit à voix haute : « eau », « terre » ou « air », dans l'ordre de son choix. En fonction de cette indication, les joueurs doivent changer ou pas leur position.

2. S'il dit : « eau », les joueurs sautent à pieds joints de l'autre côté du trait. S'il dit : « air », ils sautent sur place et s'il dit : « terre », ils reprennent leur position derrière la ligne.

3. Le meneur doit tenter d'induire les joueurs en erreur en faisant se succéder rapidement des ordres différents. Celui qui n'effectue pas le mouvement demandé ou ne réagit pas assez vite est éliminé.

62 Comestible ou pas

Ce jeu d'une grande simplicité est originaire du Kenya. Il oblige les participants à ne jamais perdre leur concentration.

- **Âge :** à partir de 4 ans
- **Durée approximative :** 5 minutes
- **Nombre de joueurs :** 5 ou plus
- **Matériel :** aucun
- **Activité :** moyenne

1. Choisissez un meneur (de préférence un adulte). Les participants se placent en cercle à 1 mètre les uns des autres, autour de lui.

2. À voix haute, le meneur de jeu énonce différents noms d'animaux : « vache, crocodile, cochon… » Il peut dire tout ce qui lui passe par la tête.

3. Si l'animal est comestible, les joueurs font un saut en avant. Dans le cas contraire, ils restent sur place. Le joueur qui se trompe est éliminé.

63 Les couleurs

Un jeu de poursuite où les participants doivent toucher un objet d'une couleur précise, avant d'être attrapés par le chat. Il est également connu sous le nom : *Touche-touche couleurs !*

- **Âge :** à partir de 4 ans
- **Durée approximative :** 10 minutes
- **Nombre de joueurs :** 6 ou plus
- **Matériel :** aucun
- **Activité :** intense

1. Désignez par tirage au sort le chat. Il dit, par exemple, à voix haute : « couleur verte » et part aussitôt à la poursuite des autres participants.

2. Pour être sauvés, les joueurs pourchassés courent toucher un objet de la couleur demandée, avant d'être capturés par le chat.

3. Les participants qui arrivent à toucher la bonne couleur ne peuvent pas être attrapés tant qu'ils ont la main dessus.

4. Si tous touchent un objet de la couleur demandée, le chat peut en choisir une autre et la poursuite recommence.

64 Les quatre coins

S'ils veulent conserver leur place, les joueurs se doivent d'être très rapides.

- **Âge :** à partir de 6 ans
- **Durée approximative :** 10 minutes
- **Nombre de joueurs :** 5 ou plus
- **Matériel :** aucun
- **Activité :** intense

1. Le jeu se déroule dans un espace à quatre coins. Tous les participants se placent dans un coin, sauf un, qui reste au milieu.

2. Lorsque celui-ci dit : « Changez ! », les quatre joueurs changent de coin le plus rapidement possible.

3. Le joueur du centre profite de cet instant pour prendre la place d'un des participants. S'il y arrive, celui qui se retrouve sans coin prend place au milieu.

4. Si jamais il y a plus de cinq joueurs, vous pouvez ajouter d'autres endroits à quatre coins, par exemple : un bac à sable, une clôture, ou bien encore tracer des cercles qui serviront de coins.

65 Grand-mère que veux-tu ?

Les joueurs avancent en respectant les indications du meneur. Une activité très appréciée des enfants et connue sous de nombreuses appellations.

- **Âge :** à partir de 5 ans
- **Durée approximative :** 10 minutes
- **Nombre de joueurs :** 3 ou plus
- **Matériel :** 1 craie
- **Activité :** moyenne

1. Choisissez un meneur de jeu. Dessinez par terre à la craie, à environ 5 mètres de distance l'une de l'autre, deux lignes parallèles. Les joueurs sont derrière une des deux lignes et le meneur est de dos, derrière l'autre ligne. Les participants lui demandent alors : « Grand-mère que veux-tu ? » Le meneur répond à voix haute la taille du pas qu'ils vont réaliser.

2. Un « pas de géant » signifie une grande enjambée. Pour faire un « pas de fourmi », il faut mettre un pied devant l'autre ; pour un « pas de puce », sauter à pieds joints sur place ; pour un « pas de crabe », reculer d'un pas ; pour un « soleil », sauter en faisant un tour sur place ; pour un « pas de bouteille », sauter en faisant un tour et en avançant ensuite d'un pas.

3. Après chaque pas, le meneur regarde où se trouvent les joueurs. Puis il se tourne à nouveau, les autres reposent la question, un nouveau pas est énoncé et ainsi de suite.

4. Lorsqu'un participant est près du meneur, il lui touche le dos. Ce dernier part alors à la poursuite des joueurs.

5. Si le meneur attrape un participant avant qu'il ne revienne au départ, ce dernier le remplace.

66 Chat malade

Ce jeu de poursuite est des plus amusants! Les participants courent en posant la main à l'endroit où ils ont été touchés par le chat.

- **Âge :** à partir de 6 ans
- **Durée approximative :** 10 minutes
- **Nombre de joueurs :** 3 ou plus
- **Matériel :** aucun
- **Activité :** intense

1. Délimitez une aire de jeu et tirez au sort celui qui tiendra en premier le rôle du chat. Il doit compter jusqu'à 10, avant de s'élancer à la poursuite des autres participants.

2. Un joueur attrapé par le chat est paralysé à l'endroit où il a été touché. Il doit donc tenir avec sa main la zone concernée.

3. Ce joueur devient alors le chat et, à son tour, part à la poursuite des autres participants. Il ne doit jamais ôter la main de l'endroit où il est paralysé.

4. Les autres joueurs continuent à courir pour ne pas être attrapés. La poursuite devient compliquée lorsque les joueurs sont touchés au genou ou au pied.

67 Le refuge qui rétrécit

Les joueurs les moins rapides se trouvent rapidement sans abri et sont éliminés du jeu.

- **Âge :** à partir de 5 ans
- **Durée approximative :** 10 minutes
- **Nombre de joueurs :** 6 ou plus
- **Matériel :** de la ficelle
- **Activité :** intense

1. Le joueur le plus âgé est le meneur. Avant le début de la partie, les participants sont regroupés et encerclés par une ficelle posée sur le sol, qui leur sert d'abri. L'abri doit être un peu trop petit pour le nombre de joueurs.

2. Ensuite, le meneur choisit un point de départ où se positionnent les joueurs. À son signal, tous se précipitent pour trouver une place à l'intérieur de l'abri.

3. Si un joueur marche sur la ficelle ou se retrouve sans place, il est éliminé. Les autres participants retournent au point de départ, tandis que le meneur réduit encore l'abri avec la ficelle.

4. Les courses se répètent et l'abri devient de plus en plus petit à chaque passage. La partie est terminée lorsque l'abri ne peut plus accueillir qu'une seule personne.

68 Le dompteur

La présence d'un adulte est recommandée même si ce jeu n'est pas dangereux.

- **Âge :** à partir de 4 ans
- **Durée approximative :** 10 minutes
- **Nombre de joueurs :** 4 ou plus
- **Matériel :** 1 toboggan
- **Activité :** moyenne

1. Placez-vous en file indienne devant les marches du toboggan. L'adulte est sur le côté pour surveiller les descentes.

2. Les joueurs sont les lions et l'adulte est le dompteur. Les lions doivent glisser en respectant les consignes du dompteur.

3. Si le dompteur dit : « en haut », les lions glissent les bras tendus vers le ciel. S'il dit : « en bas », ils descendent allongés sur le dos. Si le dompteur dit : « à droite », les lions glissent couchés sur le côté droit (la même chose pour le côté gauche). Si le dompteur dit : « en boule », ils descendent recroquevillés, en se tenant les genoux.

4. Les joueurs qui se trompent, ou qui n'arrivent pas en bas du toboggan en maintenant la position demandée par le dompteur, attendent leur tour pour recommencer.

69 Tire à la corde !

Un jeu qui peut être amusant si les deux équipes sont de force égale.

- **Âge :** à partir de 6 ans
- **Durée approximative :** 5 minutes
- **Nombre de joueurs :** 2 ou plus
- **Matériel :** 1 grosse corde, 1 mouchoir, 1 craie
- **Activité :** faible

1. Nouez le mouchoir bien au centre de la corde. Dessinez ensuite par terre, sous le mouchoir, un cercle d'environ 50 centimètres de diamètre.

2. Formez deux équipes de force égale. Cela n'a pas d'importance si le nombre de joueurs est différent dans les deux groupes.

3. Les équipes sont face à face et les joueurs en file indienne. Ils tiennent tous la corde des deux mains.

4. Au signal, les équipes tirent sur la corde de toute leur force. Les joueurs essaient de pousser le mouchoir hors du cercle et de le ramener vers leur camp.

5. L'équipe qui y parvient a gagné. L'autre peut prendre sa revanche si elle le souhaite.

70 Les martiens et les terriens

Jeu de poursuite très amusant qui consiste à accrocher une pince à linge aux vêtements des autres participants.

- **Âge :** à partir de 6 ans
- **Durée approximative :** 10 minutes
- **Nombre de joueurs :** 3 ou plus
- **Matériel :** 1 pince à linge
- **Activité :** intense

1. Désignez le martien par tirage au sort. Les autres participants sont les terriens. Ils disposent de toute l'aire de jeu.

2. Le martien compte jusqu'à dix et s'élance, une pince à linge à la main, à la poursuite des autres participants (les terriens).

3. Lorsqu'il se trouve derrière un terrien, il dit : « BIP ! BIP ! » En réponse, le terrien fait un saut.

4. Si le martien arrive à accrocher la pince à linge aux vêtements d'un des terriens, le martien se transforme alors en terrien et le terrien en martien.

71 L'horloge de la tour

Pour rejoindre son équipe, il faut faire le tour de l'horloge le plus vite possible.

- **Âge :** à partir de 7 ans
- **Durée approximative :** 10 minutes
- **Nombre de joueurs :** 9 ou plus
- **Matériel :** aucun
- **Activité :** intense

1. Choisissez un meneur de jeu, puis désignez deux équipes. Chacune forme une file indienne, à 10 mètres du meneur. Les différentes équipes se positionnent côte à côte.

2. Selon leur ordre dans la file, les joueurs sont affectés d'un numéro. Lorsque l'horloge dit : « Il est... heures à l'horloge de la tour ! », les joueurs de chaque équipe auxquels ce chiffre correspond s'élancent et font le tour du meneur.

3. Le premier à rejoindre sa place marque 1 point au bénéfice de son équipe. La partie se joue en 10 points.

4. Si le meneur dit un chiffre supérieur à celui des participants, tous les joueurs courent, tournent autour de l'horloge et regagnent aussitôt leur place. 3 points sont attribués à l'équipe qui se reconstitue la première.

72 Le lièvre et le hérisson

- **Âge :** à partir de 6 ans
- **Durée approximative :** 10 minutes
- **Nombre de joueurs :** 8 ou plus
- **Matériel :** aucun
- **Activité :** moyenne

1. Choisissez deux joueurs dont l'un sera le lièvre et l'autre le hérisson. Les participants qui restent sont accroupis côte à côte et forment une ligne.

2. Un joueur sur deux est tourné vers la droite. Le lièvre et le hérisson sont à chaque extrémité de la file.

Le lièvre et le hérisson courent autour de la file formée par leurs équipiers. Une poursuite des plus amusantes !

3. Le hérisson poursuit le lièvre en tournant autour de la file. Le lièvre peut à tout moment changer de sens, tandis que le hérisson n'en a pas le droit.

4. En revanche, le hérisson peut toucher le dos d'un des joueurs accroupis en lui disant : « Vas-y ! » Le hérisson prend alors sa place et celui accroupi devient un hérisson.

5. Si un hérisson attrape un lièvre, celui-ci vient s'accroupir à l'une des extrémités de la file et le hérisson se transforme en lièvre. Le joueur se trouvant à l'extrémité opposée sera le nouveau hérisson.

6. La partie est terminée quand tous les participants ont été au moins une fois un hérisson.

73 Éviter les ballons

Il faut esquiver les ballons que les autres participants s'envoient avec le pied.

- **Âge :** à partir de 6 ans
- **Durée approximative :** 10 minutes
- **Nombre de joueurs :** 10 ou plus
- **Matériel :** 1 ballon mou pour 3 joueurs
- **Activité :** moyenne

1. Formez deux équipes. Les deux tiers des joueurs forment un cercle et sont tournés vers l'intérieur. Le reste des participants est à l'intérieur de ce cercle.

2. Ceux qui sont à l'extérieur s'envoient des ballons en les faisant rouler avec les pieds. Les ballons doivent traverser le cercle.

3. Ceux qui se trouvent au milieu du cercle ne doivent pas toucher les ballons. Ils peuvent sauter et se déplacer pour les éviter.

4. Au bout d'un moment, recomposez les équipes pour que chaque participant puisse jouer les deux rôles.

74 Zim, zam, zum

Les joueurs traversent des élastiques emmêlés, tenus par d'autres participants.

- **Âge :** à partir de 7 ans
- **Durée approximative :** 10 minutes
- **Nombre de joueurs :** 3 ou plus
- **Matériel :** des grands élastiques
- **Activité :** moyenne

1. Choisissez deux joueurs pour emmêler et tenir les élastiques. Les autres participants se placent en file indienne.

2. Tendez les élastiques en forme de X. Lorsque ceux qui les tiennent disent : « zim », ils lèvent chacun un bras en l'air. Lorsqu'ils disent : « zam », ils lèvent l'autre bras et lorsqu'ils disent « zum », ils mettent les pieds sur l'élastique.

3. Les élastiques sont emmêlés et les joueurs doivent traverser cet enchevêtrement en profitant des espaces vides. Il est interdit de toucher les élastiques.

4. Dès qu'un joueur en touche un, il prend la place d'un des manipulateurs.

75 À l'attaque !

Ce jeu de poursuite, qui se pratique en deux temps, est très célèbre dans le nord de l'Afrique.

- **Âge :** à partir de 7 ans
- **Durée approximative :** 10 minutes
- **Nombre de joueurs :** 5 ou plus
- **Matériel :** 1 petite pierre
- **Activité :** intense

1. Un des joueurs prend une pierre et la cache dans une de ses mains.

2. Un premier participant essaie de trouver la pierre. S'il réussit, il la prend et recommence la même chose avec un autre joueur. Dans le cas contraire, celui qui l'avait dans les mains rejoue avec une autre personne.

3. Lorsque tous les joueurs ont tenté une fois de trouver la pierre, le dernier à l'avoir eue en main la jette par terre et part à la poursuite des autres.

4. Quand il en attrape un, celui-ci devient son partenaire et l'aide à capturer d'autres participants. La partie est terminée quand tous les joueurs ont été attrapés.

76 La souris qui « rugit »

Le chat doit se laisser guider par les rugissements des souris et trouver leurs cachettes.

- **Âge :** à partir de 7 ans
- **Durée approximative :** 10 minutes
- **Nombre de joueurs :** 6 ou plus
- **Matériel :** aucun
- **Activité :** moyenne

1. Désignez le chat par tirage au sort. Les autres joueurs sont les souris et vont se cacher.

2. Le chat ferme les yeux ou se tourne face à un mur, puis compte jusqu'à cinquante.

3. Lorsque le chat commence à chercher les souris, il dit à voix haute : « Où se cachent les petites souris ? » Les souris répondent par un rugissement sonore assez bref. Le chat n'a le droit de poser cette question qu'une seule fois.

4. Il doit trouver les souris en se laissant guider par les rugissements. La dernière souris à être découverte tiendra le rôle du chat dans la partie suivante.

77 Les rebonds multipliés

Un excellent jeu de coordination ! À chaque passage, le ballon doit rebondir une fois de plus sur les mains des joueurs.

- **Âge :** à partir de 7 ans
- **Durée approximative :** 10 minutes
- **Nombre de joueurs :** 2 ou plus
- **Matériel :** 1 ballon
- **Activité :** faible

1. Décidez d'un ordre de passage. Le premier joueur lance le ballon en l'air, le fait rebondir une fois sur ses mains, puis l'attrape.

2. Il passe alors le ballon à son partenaire de droite. Tous les autres font de même. À la fin de chaque passage, le ballon revient entre les mains du premier joueur.

3. Celui-ci doit faire rebondir le ballon deux fois, selon le même principe. À chaque passage, on ajoute un rebond.

4. Lorsqu'un joueur échoue, il recommence au tour suivant le même nombre de rebonds, jusqu'à ce qu'il réussisse, même si ses partenaires ont beaucoup d'avance.

78 La pantoufle et les sept pierres

Pour ce jeu très amusant, il faut à la fois savoir pointer et être rapide.

- **Âge :** à partir de 7 ans
- **Durée approximative :** 10 minutes
- **Nombre de joueurs :** 4 ou plus
- **Matériel :** 1 pantoufle, 7 grosses pierres plates, 1 craie
- **Activité :** moyenne

1. Désignez un chat parmi les joueurs. Empilez les sept grosses pierres plates et tracez un trait à 4 mètres d'elles.

2. Les autres joueurs sont rangés en file indienne derrière la ligne. Le premier lance la pantoufle pour faire tomber le tas de pierres. Chaque joueur a droit à trois essais. S'il échoue, c'est alors au suivant de lancer la pantoufle.

3. Si un joueur renverse les sept pierres, le chat ramasse la pantoufle, la jette en l'air et doit la rattraper avant qu'elle ne touche le sol. Pendant ce temps, les autres participants partent en courant.

4. Lorsque le chat rattrape la pantoufle, il s'élance à la poursuite des autres et la jette en direction de l'un d'entre eux. Celui qui est touché devient alors le chat.

5. Si un joueur parvient à nouveau à faire tomber les pierres, la poursuite et le lancer de pantoufle se répètent.

79 La bouteille roulée

Un jeu simple à réaliser et qui peut agréablement occuper une promenade.

- **Âge :** à partir de 7 ans
- **Durée approximative :** 10 minutes
- **Nombre de joueurs :** 1 ou plus
- **Matériel :** 1 bouteille en plastique par joueur, 1 bâton par joueur
- **Activité :** moyenne

1. Chaque joueur a une bouteille et un bâton. Il est recommandé d'utiliser une bouteille en plastique.

2. Le joueur couche la bouteille et la place devant lui. Il la fait avancer avec le bâton, en prenant garde qu'elle ne s'éloigne pas trop.

3. Le but du jeu est d'effectuer le trajet prévu tout en conservant la bouteille devant soi. La pratique de cette activité oblige à contourner et à surmonter les différents obstacles.

4. Si les participants sont assez nombreux, vous pouvez organiser des courses ou décider d'un parcours balisé, pour comparer l'adresse et la dextérité de chacun des participants.

80 La pièce boiteuse

Dans la version thaïlandaise de ce jeu, les enfants utilisent de grosses graines.

- **Âge :** à partir de 7 ans
- **Durée approximative :** 5 minutes
- **Nombre de joueurs :** 2 ou plus
- **Matériel :** 1 grande pièce de monnaie ou 1 pierre plate par joueur
- **Activité :** moyenne

1. Chaque joueur doit avoir une grande pièce de monnaie ou une pierre plate. Les participants se placent sur un pied, côte à côte. Sur leur pied levé, ils mettent la pièce de monnaie ou la pierre plate. Puis ils le reposent doucement par terre.

2. Pour ne pas faire tomber l'objet, il faut se déplacer lentement, comme lorsqu'on boite.

3. Le vainqueur est celui qui est allé le plus loin sans faire tomber l'objet. Vous pouvez vous amuser à compter le nombre de chutes. Ainsi, vous saurez lequel des participants est le plus adroit.

81 Les toupies

La toupie est un jeu qui existe dans beaucoup de cultures et sociétés de part le monde.

- **Âge :** à partir de 7 ans
- **Durée approximative :** 5 minutes
- **Nombre de joueurs :** 2 ou plus
- **Matériel :** 1 toupie par joueur, 1 ficelle par joueur
- **Activité :** faible

1. Chaque joueur enroule la ficelle autour de la toupie, depuis la pointe jusqu'à la moitié.

2. Les joueurs, à 1 mètre les uns des autres, se placent en forme de cercle et sont tournés vers l'intérieur.

3. Au signal, tous les joueurs lancent leur toupie et, d'un coup sec, tirent sur la ficelle.

4. Les toupies tournent devant les participants. Le vainqueur est celui qui la fait danser le plus longtemps.

82 La somme des doigts

Une activité simple et amusante pour désigner un meneur de jeu.

- **Âge :** à partir de 7 ans
- **Durée approximative :** 5 minutes
- **Nombre de joueurs :** 2 ou plus
- **Matériel :** aucun
- **Activité :** faible

1. Tous les joueurs se placent côte à côte, les mains dans le dos. Désignez un des participants comme meneur de jeu pour compter à voix haute : « 1, 2, 3, stop ! »

2. Quand les joueurs entendent : « Stop ! », ils tendent les mains en avant, en indiquant un chiffre avec leurs doigts.

3. Le meneur fait la somme de tous les doigts présentés par les joueurs et la conserve en mémoire. Puis il commence à compter les participants, en débutant par son partenaire de droite. Quand il arrive sur un joueur dont le chiffre est le même que la somme précédemment trouvée, il le désigne. Celui-ci devient alors le meneur du nouveau jeu.

83 Dehors !

Ce jeu est destiné aux amateurs de toupies qui ont déjà une certaine habileté dans ce domaine.

- **Âge :** à partir de 7 ans
- **Durée approximative :** 10 minutes
- **Nombre de joueurs :** 2 ou plus
- **Matériel :** 1 toupie par joueur, 1 ficelle par joueur, 1 craie
- **Activité :** faible

1. Dessinez sur le sol un cercle d'environ 50 centimètres de diamètre. Les joueurs décident d'un ordre de passage pour lancer la toupie à l'aide de la ficelle.

2. Tous les joueurs, excepté un, lancent et font danser leur toupie à l'intérieur du cercle.

3. La toupie qui n'a pas encore été envoyée est lancée par le dernier participant en direction des autres, pour les faire sortir du cercle.

4. Le joueur marque 1 point pour chaque toupie poussée hors du cercle.

5. Le vainqueur est celui qui aura cumulé le plus grand nombre de points. Le jeu est terminé lorsque tous les participants ont lancé au moins une fois la toupie pour faire sortir les autres du cercle.

84 Les arracheurs d'oignons

Ce jeu permet de mesurer sa force d'une manière amicale et divertissante.

- **Âge :** à partir de 7 ans
- **Durée approximative :** 10 minutes
- **Nombre de joueurs :** 5 ou plus
- **Matériel :** aucun
- **Activité :** moyenne

1. Tirez au sort celui qui sera l'arracheur d'oignons.

2. Les autres joueurs, les oignons, sont assis en file, les jambes écartées, les uns derrière les autres.

3. Chaque oignon tient la taille de celui qui est assis juste devant lui dans la file.

4. L'arracheur prend les mains du premier oignon de la file et tire de toutes ses forces pour le séparer de ses compagnons.

5. L'oignon arraché se place derrière lui pour l'aider à tirer les autres, et ainsi de suite.

85 La quille volée

Il faut être habile et rapide pour s'emparer de la quille avant l'adversaire.

- **Âge :** à partir de 8 ans
- **Durée approximative :** 30 minutes
- **Nombre de joueurs :** 9 ou plus
- **Matériel :** 1 craie, 1 quille
- **Activité :** moyenne

1. Désignez un meneur de jeu et formez deux équipes égales.

2. Tracez par terre deux cercles de 50 centimètres de diamètre, à 2 mètres de distance l'un de l'autre. Posez une quille au centre de l'un des deux cercles.

3. Le meneur se trouve entre les deux. Les joueurs sont alignés côte à côte et forment deux rangées parallèles de part et d'autre du meneur. Les participants de chaque équipe sont désignés par un chiffre.

4. Le meneur appelle un numéro. Les joueurs des deux équipes auxquels ce chiffre correspond s'élancent rapidement pour s'emparer de la quille.

5. Pour gagner 1 point, le joueur qui a pris la quille doit la poser au centre de l'autre cercle sans se faire toucher par l'adversaire. Si le joueur est touché, il est éliminé de la partie et personne ne marque de point.

6. Le jeu est terminé lorsque l'une des deux équipes parvient à 10 points, ou lorsque toute une équipe est éliminée.

86 La gamelle

Le chat doit trouver les autres participants tout en veillant à ce qu'ils ne donnent pas un coup de pied dans la conserve vide.

- **Âge :** à partir de 8 ans
- **Durée approximative :** 30 minutes
- **Nombre de joueurs :** 5 ou plus
- **Matériel :** 1 craie, 1 boîte de conserve vide
- **Activité :** intense

1. Désignez celui qui sera le chat. Dessinez un cercle par terre et placez à l'intérieur une conserve vide.

2. Le chat se tient dos à la gamelle (la boîte de conserve). Un des participants la frappe d'un coup de pied. Le chat se retourne et court la ramasser. Pendant ce temps, les autres partent se cacher.

3. Le chat revient à reculons vers le cercle, la boîte à la main, et la dépose au centre. Puis il crie : « Lagamelle ! » et part à la recherche des joueurs cachés.

4. Si le chat aperçoit un participant, il l'appelle à voix haute par son prénom. Le joueur est alors éliminé et vient se placer à côté de la conserve.

5. Les joueurs cachés essaient à nouveau de donner un coup de pied dans la conserve sans être vus par le chat, pour ne pas être éliminés. Si l'un d'eux y parvient, il libère tous ses partenaires qui avaient été faits prisonniers.

87 Toucher la tête

Ce jeu permet de mémoriser rapidement le prénom des participants. Il est donc idéal pour que des enfants apprennent à se connaître.

- **Âge :** à partir de 8 ans
- **Durée approximative :** 10 minutes
- **Nombre de joueurs :** 8 ou plus
- **Matériel :** aucun
- **Activité :** moyenne

1. Les joueurs sont assis par terre en forme de cercle et tournés vers l'intérieur. Tirez au sort un des participants qui viendra se placer debout au milieu du cercle.

2. Un des joueurs dit, par exemple : « Antoine touche Pierre. » Le prénom cité en premier est celui du participant debout et le second celui d'un des joueurs assis.

3. Antoine doit aller immédiatement toucher la tête de Pierre.

4. Ce dernier peut refuser d'être touché, s'il dit rapidement le prénom d'un autre joueur, par exemple : « Antoine touche Xavier. »

5. Si le participant du centre touche la tête concernée, avant qu'un nouveau prénom ne soit prononcé, les rôles sont inversés. Celui qui est au centre vient s'asseoir et celui qui a été touché prend sa place.

88 Viens à ma place

Dans ce jeu de relais, le passage du témoin (un ballon) s'effectue entre deux équipes face à face.

- **Âge :** à partir de 8 ans
- **Durée approximative :** 10 minutes
- **Nombre de joueurs :** 8 ou plus
- **Matériel :** 1 ballon
- **Activité :** moyenne

1. Formez deux équipes qui vont se placer face à face, à 3 mètres de distance. Les joueurs de chaque équipe sont en file indienne.

2. Le premier d'une file envoie le ballon au premier de l'autre file.

3. Celui qui envoie le ballon court se placer à la fin de la file, et celui qui l'a reçu l'envoie au joueur suivant de la file face à lui. La partie se poursuit de la sorte.

4. Les passes de ballon et les courses s'enchaînent jusqu'à ce qu'un joueur perde le ballon.

89 Les cinq pierres

Une variante d'un jeu d'origine romaine et connu dans le monde entier : les osselets.

- **Âge :** à partir de 8 ans
- **Durée approximative :** 10 minutes
- **Nombre de joueurs :** 2 ou plus
- **Matériel :** 5 petites pierres qui tiennent dans la main
- **Activité :** faible

1. Les joueurs lancent et rattrapent les pierres en effectuant des figures. Lorsque l'un d'eux échoue, il passe les pierres à son voisin. Quand c'est à nouveau son tour, il reprend la partie où il avait échoué.

2. La figure des « un » : le joueur jette les pierres sur le sol et en ramasse une (le joker). Il l'envoie en l'air et doit en ramasser une autre avant de l'attraper. Puis il la place dans son autre main et recommence jusqu'à ce qu'il ne reste plus de pierres par terre.

3. La figure des « deux » : le joueur ramasse deux pierres sur le sol, pendant que le joker est en l'air. Dans la figure des « trois », on procède de même avec trois pierres sur le sol, et dans la figure des « quatre » également, avec quatre pierres sur le sol.

4. Le « pont » : le joueur lance les quatre pierres par terre et appuie son pouce et son index sur le sol, de manière à former un petit pont. Puis il lance le joker en l'air et, avant de le rattraper, fait passer une pierre sous le pont. Recommencez jusqu'à ce que toutes les pierres soient passées dessous.

5. Le « trou » : le joueur forme un trou avec ses doigts, en réunissant le pouce et l'index. Pendant que le joker est en l'air, il ramasse une pierre sur le sol et la place dans le trou. Il les prend ainsi une à une. Une fois toutes ramassées, il les laisse tomber et les récupère d'un coup, avant de prendre le joker.

6. Enfin, il lance toutes les pierres et en récupère un maximum sur le dos de ses mains, l'une contre l'autre, paumes vers le bas. Si cette figure est réussie, il faut recommencer, les paumes tournées vers le haut.

90 Les relais des nœuds

Un jeu d'action qui ravira tous les enfants. Il faut courir plus vite que son adversaire, puis nouer et dénouer des mouchoirs.

- **Âge :** à partir de 8 ans
- **Durée approximative :** 30 minutes
- **Nombre de joueurs :** 11 ou plus
- **Matériel :** 1 craie, au moins 2 mouchoirs
- **Activité :** moyenne

1. Choisissez un meneur de jeu. Les autres participants forment deux équipes égales. Le meneur reçoit deux mouchoirs.

2. Divisez l'aire de jeu en deux camps, séparés par une ligne. Le meneur est sur la ligne centrale, un mouchoir dans chaque main.

3. Les équipes se placent à l'extrémité de leur camp. Chaque joueur est désigné par un chiffre. Le meneur appelle alors un numéro. Immédiatement, les deux joueurs auxquels ce chiffre correspond s'élancent dans sa direction pour se saisir d'un des mouchoirs.

4. Dès qu'il en a attrapé un, le participant court en direction de l'équipe opposée et le noue au poignet d'un adversaire. Puis il regagne son camp pour dénouer le mouchoir qu'un de ses équipiers vient d'avoir au poignet.

5. Avec ce mouchoir, il se précipite pour l'enrouler autour de la cheville d'un autre adversaire, puis revient aussitôt dans son camp et ôte celui de son partenaire.

6. Une fois le mouchoir enlevé, il part jusqu'au meneur et le lui noue autour du bras. Le joueur qui réalise en premier ce parcours retourne auprès de son équipe. Son adversaire est éliminé.

7. Le chiffre du perdant est attribué à un autre membre de l'équipe. La partie continue jusqu'à ce qu'un camp n'ait plus qu'un seul joueur.

Grands

jeux

Les grands jeux se pratiquent pendant des excursions, en centres de vacances, ou si on peut réunir un grand nombre de participants. Quoi qu'il en soit, ils requièrent un matériel spécifique et une organisation préalable. Il est donc nécessaire de s'y préparer, pour être certain que le jeu sera réussi et qu'il fera la joie de tous.

10 Grands jeux. Les activités proposées dans cette rubrique sont à pratiquer en pleine nature et exigent souvent une bonne condition physique. Pour s'assurer du succès d'une activité, les organisateurs vont devoir fixer des règles rigoureuses et superviser en permanence le bon déroulement du jeu.

91 La montagne

Vous trouverez les parachutes dans des magasins spécialisés en matériel militaire d'occasion ou auprès de fabricants d'outils pédagogiques.

- **Âge :** à partir de 7 ans
- **Durée approximative :** 30 minutes
- **Nombre de joueurs :** 9 ou plus
- **Matériel :** 1 vieux parachute
- **Activité :** intense

1. Tous les participants se placent autour du parachute. Ils le tiennent par le bord, des deux mains. Le moniteur sera le meneur de jeu. Il donnera les instructions nécessaires pour mener à bien cette activité.

2. Pour que les joueurs se familiarisent avec le parachute, ils vont l'ouvrir à plusieurs reprises, en se mettant sur la pointe des pieds, en levant les bras, puis en les baissant petit à petit. Le parachute perd alors doucement de l'air, par le trou du milieu.

3. Ensuite, le meneur choisit deux participants. Ils lâchent le parachute et se placent à l'opposé diamétralement l'un de l'autre. Ils s'écartent de quelques pas en arrière.

4. Les autres joueurs vont de nouveau gonfler le parachute, puis baisser le bord jusqu'au sol, le plus rapidement possible. Ils doivent se positionner dessus à genoux, pour éviter que l'air ne s'échappe. Le parachute gonflé prend alors la forme d'une montagne.

5. Lorsque cette montagne est prête, le meneur fait un signe aux deux joueurs pour qu'ils commencent à l'escalader à genoux. Au fur et à mesure de leur ascension vers le sommet, ils poussent l'air vers l'extérieur et le parachute se dégonfle peu à peu.

6. Le parachute est à nouveau gonflé et deux autres joueurs sont choisis pour recommencer l'escalade. Généralement, les plus légers et les plus petits sont ceux qui s'amusent le plus.

92 Le ballon et le parachute

Ce jeu consiste à faire rouler un ballon au bord du parachute. Il faut être coordonné et très adroit.

- **Âge :** à partir de 8 ans
- **Durée approximative :** 30 minutes
- **Nombre de joueurs :** 9 ou plus
- **Matériel :** 1 vieux parachute, 1 ballon de plage
- **Activité :** moyenne

1. Les joueurs se placent autour du parachute. Ils le tiennent des deux mains, au niveau de leur taille, par le bord. Le meneur lance un ballon sur le parachute et informe les participants du sens dans lequel il doit tourner.

2. Les joueurs lèvent et baissent leurs bras alternativement, pour faire rouler le ballon sur le bord du parachute. À tout moment, le meneur peut décider que le ballon doit tourner dans l'autre sens. Il doit prévenir tous les participants en disant : « changement de côté ». Pour que le ballon s'arrête et reparte dans l'autre sens, les joueurs lèvent les bras lorsque le ballon passe devant eux.

3. Si les joueurs maîtrisent bien le ballon, le meneur peut dire : « au centre ». Les participants doivent alors faire tourner le ballon autour du trou central, sans qu'il tombe à l'intérieur.

93 Le football par deux

Une amusante adaptation du football ! L'aspect ludique l'emporte sur l'aspect compétitif.

- **Âge :** à partir de 8 ans
- **Durée approximative :** 30 minutes
- **Nombre de joueurs :** 20 ou plus
- **Matériel :** 1 terrain de football, 2 ballons, 2 cages à but
- **Activité :** intense

1. Formez deux équipes. Chacune choisit un gardien de but. Les autres participants se réunissent deux par deux et se tiennent par la main.

2. Au centre du terrain, un couple de chaque équipe met en jeu les deux ballons nécessaires pour le match.

3. Les couples doivent marquer des buts dans les cages de l'équipe adverse. Avant de tirer, il faut taper du pied le ballon.

4. Si le ballon est touché par un couple alors que deux autres joueurs sont sur le point de marquer un but, ils devront à nouveau le toucher avant de tirer, s'ils veulent remporter le point. S'ils ne le font pas, le but est attribué à l'autre équipe.

94 La sentinelle

Ce jeu de cache-cache est idéal à pratiquer dans les bois. Tous les participants tenteront de franchir une ligne surveillée par une sentinelle.

- **Âge :** à partir de 9 ans
- **Durée approximative :** 30 minutes
- **Nombre de joueurs :** 7 ou plus
- **Matériel :** aucun
- **Activité :** moyenne

1. Tirez au sort celui qui sera la sentinelle. Elle doit aller et venir sur une ligne, tracée entre deux arbres distants de 30 mètres.

2. Les autres participants se placent de part et d'autre de la ligne. Ils sont cachés entre les broussailles et doivent tenter de passer sans être vus par la sentinelle.

3. Lorsque la sentinelle effectue son trajet, elle n'a pas le droit de tourner la tête. Elle regarde toujours devant elle. En revanche, ses yeux peuvent bouger afin de voir si quelqu'un tente de passer de l'autre côté.

4. La sentinelle se déplace d'un arbre à l'autre. Mais à mi-chemin, elle peut décider de changer de sens et dit à voix haute : « demi-tour ». Elle doit parler lentement, en accentuant le « e » de « demi » et le « ou » de « tour », pour laisser un peu de temps à ceux qui tentent la traversée.

5. Lorsque la sentinelle voit un des joueurs, elle prononce son prénom. Celui-ci retourne alors se cacher et compte jusqu'à cent, avant de pouvoir à nouveau tenter de franchir la ligne.

6. La partie est terminée lorsque tous les joueurs sont parvenus à traverser la ligne surveillée par la sentinelle, ou lorsque la durée de départ est écoulée.

95 La chasse nocturne

Ce jeu est très excitant pour les enfants car il se déroule la nuit. Pour éviter les frayeurs, il est préférable de bien connaître l'endroit.

- **Âge :** à partir de 10 ans
- **Durée approximative :** 1 heure ou plus
- **Nombre de joueurs :** 20 ou plus
- **Matériel :** des fiches cartonnées, des feutres, 1 lampe torche par joueur, 1 montre
- **Activité :** moyenne

1. Formez des groupes de six et désignez dans chacun un participant qui jouera l'animal. Les autres seront les chasseurs.

2. Choisissez des animaux différents : chiens, perroquets, cerfs… Les animaux notent sur une fiche l'espèce animale à laquelle ils appartiennent. Il faut préparer pour chaque animal autant de fiches qu'il y a d'équipes.

3. Tous les joueurs (chasseurs et animaux confondus) sont au point de ralliement pour délimiter la zone de recherche et fixer la durée du jeu. Les animaux disposent de 10 minutes pour se cacher.

4. Les équipes partent à leur recherche. Lorsqu'elles en trouvent un, l'animal leur remet une de ses fiches. Les équipes feront preuve de discrétion lorsqu'elles trouveront un animal, pour ne pas mettre sur la piste un autre groupe.

5. Quand un animal n'a plus aucune fiche, c'est qu'il a été découvert par toutes les équipes. Il retourne alors au point de ralliement, tout comme les groupes ayant trouvé tous les animaux.

6. Lorsque la durée de jeu s'est écoulée, prévenez (par un signal) les animaux et les chasseurs qu'il est temps de revenir. Vous pouvez alors connaître l'équipe qui a trouvé tous les animaux et ceux qui se sont le mieux cachés.

96 Les rubans indiens

Un jeu nocturne dans lequel les joueurs devront être très silencieux pour emporter des rubans.

- **Âge :** à partir de 10 ans
- **Durée approximative :** 1 heure ou plus
- **Nombre de joueurs :** 5 ou plus
- **Matériel :** 1 ficelle, des rubans, 1 lampe torche
- **Activité :** moyenne

1. Choisissez un surveillant parmi les joueurs. Il garde avec lui la lampe torche.

2. Formez une enceinte en attachant à quatre arbres une ficelle à 1 mètre du sol. Le surveillant se place à l'intérieur de l'enceinte et noue à la ficelle trois rubans par joueur.

3. Le point de départ se trouve à environ 50 mètres de l'enceinte. Les joueurs attendent le signal de départ émis par le surveillant.

4. Le surveillant donne le signal de départ. Les joueurs s'élancent pour prendre les rubans, sans être vus par le surveillant. S'il en découvre un (avec ou sans l'aide de sa lampe), il dit à voix haute son prénom et le joueur retourne au point de départ.

5. Lorsque la partie est terminée, tous les participants comptent le nombre de rubans décrochés.

97 Les trois campements

Les joueurs doivent récupérer les fanions des équipes adverses.

- **Âge :** à partir de 10 ans
- **Durée approximative :** 1 heure ou plus
- **Nombre de joueurs :** 15 ou plus
- **Matériel :** 1 sifflet, 1 mouchoir par joueur, 1 fanion par équipe
- **Activité :** moyenne

1. Formez trois équipes. Décidez d'une durée de jeu et d'un point de ralliement.

2. Chaque équipe reçoit un fanion et chaque joueur un mouchoir, qu'il suspend au dos de son pantalon. Chaque groupe part dans différentes directions pour établir son campement, symbolisé par un cercle d'environ 2 mètres de diamètre. Au bout de 5 minutes, le meneur siffle et chaque équipe accroche son fanion.

3. Chaque équipe doit localiser les campements adverses pour voler les différents fanions. À chaque fois qu'ils réussissent, les joueurs doivent revenir à leur campement pour y déposer le fanion volé.

4. Si un participant parvient à enlever le mouchoir d'un de ses adversaires, il lui redonne aussitôt. Cependant, ce dernier doit retourner à son campement pour se l'accrocher de nouveau. S'il avait en main un fanion volé, il est obligé de l'abandonner sur le sol, à l'endroit où il a perdu son mouchoir. Puis ce joueur repart vers son campement.

5. Lorsque le temps s'est écoulé, le meneur siffle trois fois.

98 L'invasion

Il faut planter des bâtons de bois dans le camp de l'adversaire.

- **Âge :** à partir de 10 ans
- **Durée approximative :** 1 heure ou plus
- **Nombre de joueurs :** 14 ou plus
- **Matériel :** 1 bâton en bois d'environ 10 cm par joueur, de la peinture, des pinceaux, 2 morceaux de ficelles
- **Activité :** moyenne

1. Avant de commencer la partie, chaque joueur reçoit un bâton en bois. Formez deux équipes. Chacune choisit une couleur pour peindre ses bâtons.

2. Matérialisez, à l'aide des ficelles, un camp d'environ 3 mètres de diamètre pour chaque équipe. Les joueurs forment un cercle avec leur ficelle. Tous connaissent l'emplacement du camp adverse.

3. Décidez d'un lieu de ralliement et d'une durée de jeu. Il faut parvenir jusqu'au camp adverse pour y planter son bâton.

4. Chaque équipe choisit deux gardes pour surveiller son camp. Si l'un d'eux touche un adversaire, ce dernier lui remet son bâton.

5. Les joueurs ne peuvent avoir qu'un seul bâton en leur possession. S'ils plantent le leur ou si un gardien le prend, ils retournent à leur campement pour en chercher un autre (que ce soit un bâton de leur équipe ou pas).

6. Une fois le temps écoulé, les équipes se retrouvent au point de ralliement, pour connaître celle qui a le plus de bâtons plantés dans son camp.

99 Le gymkhana

Le gymkhana est un grand parcours, réalisé par équipe, au cours duquel les joueurs doivent effectuer différentes épreuves pour avancer.

- **Âge :** à partir de 10 ans
- **Durée approximative :** 1 heure ou plus
- **Nombre de joueurs :** 15 ou plus
- **Matériel :** selon les épreuves choisies, 1 montre
- **Activité :** moyenne

1. Préparez un parcours assez long, ponctué de postes de contrôle où devront passer les équipes. À chaque poste se trouve un commissaire, chargé d'expliquer l'épreuve et de fournir les éléments permettant d'atteindre le poste suivant.

2. Les épreuves peuvent être très variées : faire une chaîne la plus longue possible avec des vêtements, sauter trente fois à la corde, habiller un des joueurs d'une seule couleur avec les vêtements des autres participants…

3. Les épreuves peuvent être des devinettes : « On lui met du papier dans la bouche pour qu'elles partent loin. » Les joueurs doivent deviner : « boîte aux lettres ». Quand une épreuve est réussie par une équipe, elle reçoit un message codé indiquant le lieu du prochain poste de contrôle.

4. Les messages codés sont, par exemple : « egallivudecalpalrussuov-zedner » (« rendez-vous sur la place du village » à l'envers).

5. Formez des équipes de quatre ou cinq personnes, pendant que les commissaires se placent aux postes de contrôle, où se trouve le matériel nécessaire pour l'épreuve.

6. Les équipes partent à 10 minutes d'intervalle, pour ne pas se rencontrer. Si vous avez dessiné un circuit fermé, chaque équipe peut commencer aux deux postes opposés. L'équipe gagnante est celle qui met le moins de temps à accomplir le parcours.

100 Le jeu de piste

Il faut suivre un parcours en respectant les indications et en déchiffrant des messages codés.

- **Âge :** à partir de 11 ans
- **Durée approximative :** 1 heure ou plus
- **Nombre de joueurs :** 15 ou plus
- **Matériel :** des fiches cartonnées, 1 paire de ciseaux, des feutres, 1 craie, 1 montre, différents objets selon les épreuves choisies
- **Activité :** moyenne

1. Le pisteur choisit l'itinéraire que devront suivre les joueurs et les épreuves qu'ils auront à accomplir. Il est préférable que le parcours se présente sous la forme d'un circuit, avec un point de départ, et que la durée n'excède pas une heure.

2. Le pisteur trace l'itinéraire et le balise pour orienter les joueurs : fiches par terre, dessins à la craie...

3. Il remet aux participants une liste de signes utilisés. Les plus usités sont : # début de piste, → direction à suivre, ⋎ prendre le chemin de gauche, ✕ direction à éviter, ⊠→ message, **10** message à dix pas, ⊗ fin de piste.

4. Les joueurs se répartissent en plusieurs équipes et les départs s'échelonnent toutes les 15 minutes. Ils doivent être très attentifs aux signes, pour ne pas s'égarer.

5. Les équipes doivent respecter le contenu des messages. Ils auront à répondre à des questions telles que : « Quelle est la montagne devant vous ? » ou : « Citez trois noms d'arbres que vous avez rencontrés. »

6. Le pisteur note l'arrivée de chaque équipe pour calculer le meilleur temps.

Index

Nom du jeu	Page	Âge (À partir de)	Durée approximative	Nombre de joueurs	Matériel	Activité
montagne, La	70	7 ans	30 min	9 ou plus	oui	intense
martiens et les terriens, Les	55	6 ans	10 min	3 ou plus	oui	intense
monstre affamé, Le	11	5 ans	10 min	6 ou plus	oui	moyenne
œil borgne, L'	44	7 ans	5 min	1	oui	faible
pantoufle et les sept pierres, La	60	7 ans	10 min	4 ou plus	oui	moyenne
papas et les mamans, Les	32	6 ans	30 min	9 ou plus	oui	moyenne
Par 2, par 3, par 4 !	19	7 ans	10 min	8 ou plus	non	moyenne
parcours de cerceaux, Le	15	7 ans	5 min	4 ou plus	oui	intense
parcours des prisonniers, Le	10	7 ans	10 min	4 ou plus	oui	intense
parcours incliné, Le	47	8 ans	5 min	1 ou plus	oui	faible
pêche à la ligne, La	42	6 ans	5 min	1 ou plus	oui	faible
phrase cachée, La	37	8 ans	30 min	2 ou plus	oui	faible
pièce boiteuse, La	61	7 ans	5 min	2 ou plus	oui	moyenne
pilote sans visibilité, Un	38	8 ans	30 min	2 ou plus	oui	moyenne
pluie, La	34	6 ans	5 min	6 ou plus	non	faible
Pointer et tirer	15	6 ans	10 min	6 ou plus	oui	faible
points communs, Les	35	6 ans	10 min	2 ou plus	non	faible
pont suspendu, Le	44	7 ans	5 min	1 ou plus	oui	faible
poteau empoisonné, Le	20	7 ans	10 min	7 ou plus	non	intense
Quadriges	25	10 ans	5 min	8 ou plus	oui	moyenne
quatre coins, Les	51	6 ans	10 min	5 ou plus	non	intense
Qui est le voleur ?	33	7 ans	10 min	7 ou plus	oui	faible
Qui me pèse ?	32	7 ans	10 min	2 ou plus	oui	faible
quille volée, La	64	8 ans	30 min	9 ou plus	oui	moyenne
rebonds multipliés, Les	59	7 ans	10 min	2 ou plus	oui	faible
refuge qui rétrécit, Le	53	5 ans	10 min	6 ou plus	oui	intense
relais du balai, Le	24	10 ans	10 min	6 ou plus	oui	intense
relais des nœuds, Les	67	8 ans	30 min	11 ou plus	oui	moyenne
rubans indiens, Les	74	10 ans	1 h ou plus	5 ou plus	oui	moyenne
saluts gestuels, Les	38	8 ans	10 min	6 ou plus	non	faible
Saute-poulain	22	8 ans	10 min	9 ou plus	non	moyenne
sauterelle et la grenouille, La	8	4 ans	10 min	7 ou plus	oui	moyenne
sentinelle, La	72	9 ans	30 min	7 ou plus	non	moyenne
Si j'étais...	31	6 ans	10 min	2 ou plus	oui	moyenne
silhouette dessinée, La	11	5 ans	10 min	2 ou plus	oui	faible
somme des doigts, La	62	7 ans	5 min	2 ou plus	non	faible
souris qui « rugit », La	59	7 ans	10 min	6 ou plus	non	moyenne
stylo qui tourne, Le	28	4 ans	10 min	2 ou plus	oui	faible
Survoler les arbres	18	7 ans	10 min	6 ou plus	non	moyenne
téléphérique, Le	46	7 ans	5 min	2 ou plus	oui	faible
ticoti, Le	39	9 ans	10 min	10 ou plus	oui	faible
Tire à la corde !	54	6 ans	5 min	2 ou plus	oui	faible
Toucher la tête	65	8 ans	10 min	8 ou plus	non	moyenne
toupies, Les	62	7 ans	5 min	2 ou plus	oui	faible
Traverser la rivière	29	5 ans	10 min	2 ou plus	oui	moyenne
trésor, Le	12	6 ans	5 min	3 ou plus	oui	moyenne
tri, Le	43	7 ans	10 min	2 ou plus	oui	faible
Trois à collaborer	24	10 ans	10 min	11 ou plus	oui	intense
trois campements, Les	74	10 ans	1 h ou plus	15 ou plus	oui	moyenne
tunnel, Le	47	8 ans	5 min	1 ou plus	oui	faible
Viens à ma place	66	8 ans	10 min	8 ou plus	oui	moyenne
Zim, zam, zum	58	7 ans	10 min	3 ou plus	oui	moyenne

Bibliographie

- Allue J.-M. *Le Grand Livre des Jeux*. Éditions GRÜND, Paris, 1999.

Remerciements

À Maqui pour sa collaboration, à la ludothèque La Guineu et à l'ATZAR (Association de responsables de ludothèques en Catalogne).